한일 커뮤니케이션 통역
- 제2판 -

이론과 실전을 겸비한

한일 커뮤니케이션 통역

제2판

유경자·추현휴·황새미 지음

한국문화사

이론과 실전을 겸비한
한일 커뮤니케이션 통역 제2판

1판 1쇄 발행 2013년 10월 15일
2판 1쇄 발행 2021년 12월 10일

지 은 이 | 유경자·추현휴·황새미
펴 낸 이 | 김진수
펴 낸 곳 | 한국문화사
등   록 | 제1994-9호
주   소 | 서울시 성동구 아차산로49, 404호(성수동1가, 서울숲코오롱디지털타워3차)
전   화 | 02-464-7708
팩   스 | 02-499-0846
이 메 일 | hkm7708@daum.net
홈페이지 | http://hph.co.kr

ISBN 979-11-6685-060-8 93730

· 이 책의 내용은 저작권법에 따라 보호받고 있습니다.
· 잘못된 책은 구매처에서 바꾸어 드립니다.
· 책값은 뒤표지에 있습니다.

오류를 발견하셨다면 이메일이나 홈페이지를 통해 제보해주세요.
소중한 의견을 모아 더 좋은 책을 만들겠습니다.

제2판 머리말

글로벌 시대를 맞이하여 세계는 국적, 인종에 관한 경계가 점점 허물어 지고 있고, 유학이나 워킹 홀리데이 같은 것들이 예전에 비해 쉽게 갈 수 있는 상황으로 변하고 있습니다. 특히 통역분야에서 가장 수요가 많은 언어는 역시 영어이지만 급변하는 아시아권의 글로벌화에 따라서 일본어, 중국어, 한국어를 비롯하여 베트남어, 타이어 등 아시아권 언어의 수요가 점점 많아질 것이 예상됩니다.

그중에서도 특히 일본어와 한국어에 관한 통역은 수요가 점점 더 늘어나는 추세이고 또한 일본어에 능통한 사람들의 숫자도 매년 증가하고 있습니다. 이러한 변화 속에서 전문적인 프로 통역사로 활약하기 위해서는 보다 높은 수준의 통역 스킬은 물론 기본적인 비즈니스 매너, 다양한 분야에 대응할 수 있는 능력을 갖추는 것이 중요하다고 생각합니다.

그러나 정작 일본어 통역공부를 시작하려고 하면 적절한 책이 많지 않은 것이 현실입니다. 본 저서를 집필하게 된 동기도 통역사가 되고 싶어 공부를 하려고 하는 분들에게 체계적인 통역이론과 실제적인 실전(스킬과 훈련)을 함께 다룬 통합적인 통역에 대한 책의 필요성을 느꼈기 때문입니다.

실제로 '한일 커뮤니케이션 통역' 책을 구상하기 시작한 것은 2010년부터입니다. 출판 전에 여러 해에 걸쳐 학부에서 전공과 다전공학생들을 대상으로 한 통역관련 수업에서 가제본을 만들어 사용하면서 수정과 보완을 거듭하였습니다.

이번 저서는 2013년 한국문화사에서 출판한 내용을 새롭게 수정하고 좀 더 보완하여 올해(2021년) 제2판을 출판하게 되었습니다. 책은 이론편과 실전편으로 구성되어 있고, 이론편은 언어학을 연구하는 저자가 집필하였으며, 실전편은 현재 국제회의 통역사로 활동하고 있는 저자들이 공동으로 집필하였습니다.

이 책은 프로통역사가 되기 위해 준비하고 있는 사람, 그리고 대학의 통역코스를 배우는 학생에게 도움이 되는 책입니다. 또한 통역 공부를 하고 싶어도 어렵게만 느껴져 시작하지 못했던 학습자도 독학이 가능한 책입니다.

이 책에서는 특히 다음과 같은 점에 중점을 두었습니다.

- 최신 이슈가 되고 있는 통역사에게 필요하다고 생각되는 시사적인 내용 및 통역을 하는 데 필요한 다양한 분야를 다루었습니다.
- 국제회의 전문 통역사의 현장경험을 바탕으로 한 스킬을 체계적으로 담았습니다.
- 체계적으로 이론을 학습할 수 있고 실제 통역사 연습이 가능하도록 하였습니다.

제2판에서 출판한 책의 이전 버전과의 차이점은 다음과 같습니다

- 실제 통역사처럼 준비과정에서부터 현장에서 통역하기까지의 과정을 책에서 경험할 수 있어 초보자라도 통역 실전에 철저히 대비할 수 있도록 구성했습니다.
- 이제는 하나의 통역방식으로 자리잡은 원격통역시대에 대비할 수 있는 팁을 다양한 방법으로 제공합니다.
- 문장구역(ST : sight translation)과 통역사 되어 보기를 추가하였습니다.
- 기초부터 차근차근 다져갈 수 있는 탄탄한 구성, 생생한 현장감을 맛볼 수 있는 구성에 좀더 중점을 두었습니다.

끝으로 이번 제2판을 출판하는 데 많은 도움과 조언을 주신 한국문화사 조정흠 부장님과 김주리 대리님을 비롯하여 편집부 여러분께 진심으로 감사드립니다.

차례

제2판 머리말 ·· 5
통역사를 위한 Tip ··· 11

제1부 이론편 ... 15

I 통역이란 ·· 16
1. 통역의 역사 ·· 16
2. 통역의 조직화와 양성 ·· 20
3. 일본에서의 발전 ·· 21

II 다문화 커뮤니케이션과 통역 ·· 24
1. 다문화 커뮤니케이션이란 ·· 24
2. 통역사에게 필요한 요소 ·· 29

III 통역방식에 의한 분류 ·· 34
1. 순차통역(Consecutive Interpreting) ······························ 34
2. 동시통역(Simultaneous Interpreting) ····························· 35
3. 위스퍼링 통역(Whispering Interpreting) ······················· 36
4. 시차통역(Prepare Interpreting) ···································· 37

IV 통역형태에 의한 분류 ·· 39
1. 회의통역 ·· 39
2. 비즈니스 통역 ··· 40
3. 방송통역 ·· 41
4. 예능통역(무대인사 등) ··· 43
5. 통역 가이드 ··· 44
6. 법정통역(사법통역) ·· 45

⑦ 의료통역 ··· 47
⑧ 자원봉사 통역 ·· 49

제2부 실전편 51

I 통역 트레이닝 ··· 52

① 요약(Summary) ·· 52
② 문장구역(Sight Translation) ··························· 55
③ 순차통역 및 노트테이킹(Note-Taking) ·············· 57
④ 쉐도잉(Shadowing)과 동시통역 ······················· 64

II 통역 스킬 키우기(1) ··· 68

① カタカナ語 ··· 70
② 어순 바꾸기와 생략 ······································· 73
③ 심리상태 표현 ·· 75
④ 생활용어 숙지 ·· 77

III 통역 스킬 키우기(2) ··· 79

① 짧고 쉬운 문장 통역하기 - 자기소개 통역을 통해 ······· 79
② 시사 상식 늘리기 - 뉴스 기사를 통해 ··············· 82
③ 사전 조사하기 - 인터뷰 통역을 통해 ················ 84
④ 현장 자료 이용하기 - 간략한 메모를 통해 ········· 88

쉬어 가는 페이지! 〈원격 회의 준비하기〉 온라인 회의의 Tip ·············· 92

IV ST연습 ··· 94

① 하늘을 나는 풍력발전 ···································· 94
② 기업의 노하우를 살린 백신접종 ······················· 96
③ 간호 ··· 98

| **V** | **실전연습** | 100 |

- ① 사회/생활 ······ 101
- ② 문화 ······ 106
- ③ 환경 ······ 110
- ④ 경제 ······ 115
- ⑤ 법률 ······ 121
- ⑥ 의료 건강 ······ 127
- ⑦ IT·과학 ······ 133

| **VI** | **통역사 되어 보기** | 139 |

- ⓪ 통역사 H상의 하루 ······ 139
- ① 관광 상담 ······ 141
- ② 비즈니스 상담 ······ 143
- ③ 제조 현장 시찰 ······ 146
- ④ 사회 ······ 148

번역 및 해답 ······ 153
부록 ······ 175
참고문헌 ······ 194
찾아보기 ······ 195

통역사를 위한 Tip

시간 엄수: 통역사는 적어도 30분에서 1시간 전에는 회의 장소에 도착하도록 합니다. 회의를 시작하기 전에 자료를 확인하고 담당자나 연사를 만나 수정 사항을 체크합니다.

비밀 유지: 때때로 통역사에게는 비밀유지 의무(守秘義務)가 주어집니다.
회사의 기밀 정보를 누설하지 않겠다고 계약서에 서명을 하는 경우가 있을 정도로 꼭 지켜야 할 의무사항입니다.

시간 활용: 사전준비는 통역을 하는 데 있어 반드시 필요한 과정이지만 임박해서 의뢰가 들어오는 경우가 많기 때문에 방대한 자료의 양에 압도되어서 결국 준비를 제대로 못하는 경우도 있습니다. 따라서 계획표를 만들어 시간 배분을 하고 중요 포인트는 세분화시켜 둡니다.

모어 표현력 향상: 통역을 하는 데 있어서 목표언어의 표현력도 중요하지만 모어의 표현력을 기르는 것도 매우 중요합니다. 이를 위해서는 다양한 책과 신문을 읽는 것이 통역을 하는 데 많은 도움이 됩니다.

인맥 유지: 계속해서 통역 일을 하기 위해서는 인맥을 만드는 것도 중요하기 때문에 신속하게 편지나 메일로 회신을 보내도록 습관을 들입니다. 회신 타이밍은 메일의 경우 24시간 이내, 편지는 받고 나서 3일 이내, 선물은 받았으면 그 날 중으로 감사의 마음을 전하는 것이 일반적입니다.

실패 극복: 통역은 다양한 상황 속에서 일을 하기 때문에 경험이 많지 않을 때는 당황해서 실패를 하는 경우도 많습니다. 그러나 현장 경험을 쌓으면서 대처 능력이 차츰 생기게 됩니다. 다만 실패를 했을 때 그 원인을 꼼꼼히 분석해서 똑같은 실수를 두 번 다시 되풀이하지 않는 것이 중요합니다.

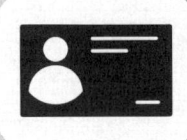

명함 교환: 방문자가 명함을 먼저 건네며 인사를 합니다. 단, 클라이언트와 함께 있을 경우에는 클라이언트의 지시에 따르는 편이 좋습니다. 명함 교환 시 받은 명함에 메모를 하는 것은 결례이므로 주의합니다.

통역료 지불: 통역료는 주최 측 결제일에 따라 빠르면 일주일 안에 늦으면 한 달 이상 후에 지불될 수 있습니다. 그러므로 한 달이 지나기 전에 통역료 지불을 독촉하면 클라이언트에게 안 좋은 인상을 심어줄 수 있으므로 유의합니다.

화상통역: COVID-19 이후 하나의 통역방식으로 자리잡은 화상통역은 대면통역보다 신경써야 할 부분이 많습니다. 인터넷은 LAN으로 연결하고 전용 마이크와 유선 이어폰 또는 헤드폰을 사용하는 것이 좋습니다.

(88p 쉬어 가는 페이지! 〈원격 회의 준비하기〉 온라인 회의의 TIP 참조)

제1부
이론편

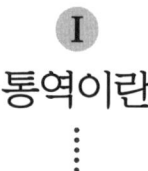

I
통역이란

통역(通訳, Interpretation)은 문자언어가 아닌 두 개 이상의 다른 언어를 사용할 수 있는 사람이 하나의 언어에서 다른 언어로 변환하는 것을 말합니다. 즉 서로 다른 음성언어를 사용하는 사람들 사이에서 쌍방의 언어를 상대의 언어로 바꾸어 전달하는 것입니다.

통역은 고도의 어학 능력을 필요로 하는 화려한 직업의 대표격으로 생각하기 쉽지만, 통역의 실제 모습을 알고 있는 사람은 적은 것 같습니다. 그래서 이 장에서는 우선 통역 전반에 대해서 올바르게 이해하는 것부터 시작하겠습니다. 먼저, 통역이 어떻게 해서 현재의 모습으로 성장하게 되었는지, 역사를 되돌아보고 또한 통역이 어떻게 조직되고 양성되었는지, 그리고 일본에서의 발전에 대해 서술해보고자 합니다.

1. 통역의 역사

언제부터 통역이 존재했던 것일까요? 『구약성서』의 '창세기'에 고대 바빌

로니아인들이 하늘에 도달하는 탑을 세우려고 했다가 신의 노여움을 샀기 때문에 서로 말이 통하지 않게 되었다고 하는 일화가 있습니다. 통역이라는 직업의 탄생은 이미 이 무렵이었다는 설이 있습니다. 『구약성서』의 '요부기'나 『신약성서』의 '고린토인에게 보내는 편지'에는 서로 다른 언어로 이야기를 할 때 통역을 전문으로 하는 사람을 사용했다는 것이 명확하게 기록되어 있습니다. 어쨌든 가장 오래된 직업은 매춘이 아닌 통역이었다는 설도 수긍이 갈 정도로 통역의 기원은 오래된 것입니다.

따라서 통역이라는 직업은 가장 역사가 오래된 직업이라고도 할 수 있습니다. 고대부터 다민족과의 교류, 즉 외교와 무역은 인류에 있어서 피해갈 수 없는 과제이고 말이 통하지 않는 민족 상호 간의 의사소통에 있어서 통역은 빼놓을 수 없는 중요한 존재였습니다.

일본에서도 고대부터 대륙과의 교류에서 귀화한 사람이나 유학에서 돌아온 학자나 승려, 그리고 대외무역에 종사하고 있던 상인 등이 통역으로서 중요한 역할을 하고 있었습니다. 에도(江戶 - 1603~1867)시대에 접어들어 쇄국 정치의 영향 아래 네덜란드와 중국을 제외한 나라와는 무역을 할 수 없었기 때문에 나가사키(長崎)의 데지마(出島)가 외국과의 무역에서 유일한 창구가 되었고, 나가사키 통역사(長崎通詞)라고 불리는 정부 관료로서의 통역 직제가 확립되었습니다. 나가사키 통역사는 에도 막부(幕府) 말기에는 150명 정도 있었다고 합니다. 그들은 통역 실무뿐만 아니라 서양의 문화나 과학을 배워 번역을 통해 일본에 소개하기도 하고 학교를 경영하여 많은 학자를 지도하는 등 다방면에 걸친 활약을 했다고 합니다.

통역 감시자를 필두로 대통역사, 소통역사 등으로 세세하게 신분이 나뉘어 있었지만, 통역이라는 직업은 세습제로 유서 있는 가풍을 가진 집안의 출신자여야만 신분이 높은 통역사가 될 수 있었습니다. 보통 통역사 집안의 자제는 어릴 때부터 네덜란드어나 중국어를 공부하고 모든 학습 과정을 마친 후 시험에 합격해야만 실무를 맡을 수 있었습니다. 꽤 유능한 통역사를 양성하는 제도가 정비되어 있었던 것입니다.

이와 같은 나가사키 통역사 제도가 토대가 되어 메이지(明治) 이후에는 나가사키뿐만 아니라 시모다(下田), 하코다테(函館) 등의 무역항을 거점으로 하는 영어나 프랑스어 등의 통역사 집단이 생겨났습니다. 그들은 일본과 서양 여러 나라와의 다양한 협상의 가교역할을 하거나 그 어학 능력을 발휘하여 근대적 제도의 도입이나 과학지식을 받아들이는 데 도움을 주는 등 일본 근대화에 큰 공헌을 하였습니다.

전 세계적으로 근대에 들어서 과학이나 기술이 발달해 교통수단이 비약적으로 발전함과 동시에 국제적인 교류가 활발해지면서 직업으로서 통역의 중요성을 인식하게 되었습니다. 유럽에서는 여러 나라가 서로 인접해 있다는 지리적 조건 때문에 각 나라의 언어를 구사할 줄 아는 사람이 많았고 국제적 협상에서도 통역 없이 대표자가 공통어로써 프랑스어를 사용하는 형태가 많았지만, 제1차 세계대전 때부터 이러한 형태에 어려움이 생겨났습니다. 미합중국이나 영국 등 각국의 대표자가 프랑스어를 그다지 잘하지 못했던 점, 그리고 협상에 참가하는 나라들의 범위가 세계적인 규모로 확대된 점 등이 그 주된 이유입니다. 그러는 가운데 우수한 통역사의 필요성은 커졌습니다.

사실 통역의 역사에서 근대라는 시점을 어디에 둘 것인가에 대해 정확히 규정한 문헌은 없습니다. 그러나 기존의 통역 형태에 큰 변화가 요구된 계기는 특정 시기라고 볼 수도 있습니다.

우선 제1차 세계대전 후에 있었던 파리강화회의, 그 후의 국제연맹 회의에서 통역이 필요한 형태가 정착됐고 이후 국제 협상에는 반드시 통역사가 필요하다고 인식하게 되었습니다. 그 당시에는 통역이라고 하면 순차통역이 거의 대부분이었습니다.

그리고 제2차 세계대전 후, 나치 전범을 재판하기 위해 뉘른베르크 국제재판(1945년 11월~1946년 10월)이 열렸는데 이때 세계 최초로 동시통역의 형태가 도입되었습니다. 재판 때는 4개 국어가 사용되었기 때문에 순차통역만으로는 시간이 너무 많이 걸려서 동시통역이 채택된 것입니다. 따라서 뉘른베르크 국제재판에서 동시통역이 처음으로 등장했다고 볼 수 있습니다.

단순한 이어폰이나 마이크로폰 등 IBM 장치를 사용한 동시통역이었지만 시간을 단축시킬 수 있다는 장점이 크게 주목을 받아 그 이후 국제회의에서는 동시통역이라는 형태가 점차적으로 정착하게 되었습니다. 현재는 통역 기자재도 사용하기 편리하게 엄청난 변화와 진전을 이룬 영향으로 통역 인재를 양성할 때도 순차통역 보다 동시통역에 좀 더 중점을 두게 되었습니다.

유럽에서 일어난 이 두 가지 사건 이후 통역은 질적 변모를 꾀하게 됩니다. 이런 점에서 이 두 사건을 기점으로 통역의 근대사가 시작되었다고 볼 수 있습니다.

다만 일본의 러시아어 통역사이며, 뛰어난 통역론 저서 『불성실한 미녀인가 정숙한 추녀인가』(1998)로 요미우리 문학상을 수상한 요네하라 마리(米原万里) 씨에 의하면, 이미 1926년에 IBM사가 동시통역 장치의 세계 특허를 취득하였고, 이듬해에 모스크바에서 개최된 공산주의 인터내셔널 제6회 대회에서 그 장치가 세계 최초로 시험 사용되었다고 합니다. 이후 동시통역을 이용한 소련 중심의 국제회의는 활발히 이루어졌지만 이러한 내용이 구미를 중심으로 한 통역 연구에서는 제외되었습니다.

그렇다고는 해도 통역 탄생의 계기라 할 수 있는 바벨탑에 의해 인간의 언어가 나누어진 이래 인류가 서로 싸우고 증오하게 된 것, 그리고 두 차례의 세계대전 이후 평화 사회 건설을 위해 설립된 국제기구에 의해서 통역 역사의 큰 변화가 전개된 것은 평화를 위한 인류의 노력에 언어가 어떤 역할을 하고 있는지를 다시 한번 생각하게 합니다.

2. 통역의 조직화와 양성

한편, 이와 같은 국제회의에서는 두 가지 언어에 국한되지 않고 실로 다양한 언어 사이에서 한정된 시간 안에 의사소통을 해야 했기 때문에 뛰어난 기술을 가진 통역사가 없어서는 안 되는 존재가 되었습니다. 게다가 대부분의 회의는 같은 시기에 다수의 인원을 필요로 하게 되었습니다. 이 문제를 해결하기 위해서는 통역사가 자연스럽게 생겨나기만을 기다리고 있을 수는 없었습니다. 장차 통역사가 되고자 하는 사람, 혹은 통역사가 될 수 있는 소질을 갖고 있는 사람을 훈련시켜 양성하는 것이 급선무가 되었고 이런 환경 속에서 1950년대 유럽은 통역 훈련 최대의 중심지로 부상하게 되었습니다.

그러나 수많은 통역사를 조직적으로 양성하기 위해서는 당초의 '배우기보다 익숙해져라'라는 식의 기존의 훈련법은 점점 맞지 않게 되었습니다. 통역 훈련법 그 자체에 과학적인 이론을 바탕으로 근대적인 장치를 사용하여 단기간에 많은 통역사를 양성할 수 있도록 하는 질적인 변화가 요구된 것입니다. 또 1960년대가 되면서 통역의 현실적인 필요성과 함께 심리학자나 언어학자들이 통역 처리 프로세스에 학구적인 관심을 갖게 되어 그 해명을 위한 모델을 제안하기 시작하였습니다. 이러한 움직임 속에서 실무를 담당하고 있었던 통역사들도 스스로의 경험을 바탕으로 또 다른 이론을 제안하거나 자신의 이론을 발표하게 되었습니다.

이렇게 해서 더욱 효과적인 훈련법을 요구하는 내적인 움직임과, 외적 요인에 의해 더욱 과학적이고 실증적으로 통역 프로세스 그 자체를 해명하려고 하는 움직임이 하나가 되어, 지금까지 없었던 규모의 종합적인 통역 양성 및 연구가 제네바 대학이나 파리대학 등을 중심으로 여러 곳에서 이루어지게 되었습니다.

이후 오늘날에 이르기까지 통역의 연구와 양성은 최대 시장인 유럽이 가장 앞선 지역으로서 타지역을 선도해 왔습니다. 다만 이것은 어디까지나 다른 지역과 비교해서 본 경우이고, 통역 연구 활동 그 자체는 60여 년의 역사를 가지고 있지만, 아직까지 이론적인 틀이 확립된 단계는 아니라고 생각합니다. 그 이유는 통역 프로세스가 좀처럼 객관적으로 보이지 않는다는 것과 연구를 전문적으로 하고 있는 사람은 통역을 경험적으로 알지 못한다는 것, 또는 통역 실무자에게는 연구법에 관한 훈련이나 지식이 부족하다는 기존의 배경이 큰 원인으로 작용하고 있기 때문입니다.

3. 일본에서의 발전

일본에서는 1964년대에 들어서자 도쿄올림픽으로 대표되는 국제적인 이벤트나, 정치 및 경제를 중심으로 한 국제회의가 급속히 늘어나기 시작했습니다. 그래서 필요하게 된 것이 우수한 통역사입니다. 당시의 조직적인 양성이라고 하면 국제기독교대학(ICU)의 사이토 미즈코(斎藤美津子) 교수가 지도하는, 학생을 대상으로 한 통역사 양성이었습니다. 그 외에도 통역 훈련을 받아서 활동하고 있는 사람들은 있었지만 국제기독교대학 졸업생을 포함해서 통역사를 본격적으로 조직화할 필요성을 관계자들이 통감하게 된 것은 이 무렵입니다.

그래서 정부, 기업계 및 교육계에 뜻이 있는 사람들의 협조를 받아 1965년에 사이마루 인터내셔널이라는 일본 최초의 프로 통역사 집단이 조직되었습니다. 이후에도 통역 수요가 급증함에 따라 유사한 회사가 계속해서 생겨났습니다. 지금은 통역 관련 회사는 76개사 정도가 있다고 합니다. 이들 회사의 대부분은 유럽과 미국의 통역 훈련법을 바탕으로 일본 사정에 맞춘 통역 훈련법을 만들어 통역사 양성을 병행하게 되었습니다.

그 후로도 일본의 국제화가 진행됨에 따라 통역사는 국제 교류에 없어서는 안 될 존재가 되었습니다. 동시에 통역사의 활약상을 TV라는 미디어를 통해 각 가정에서도 접하게 되자 통역 지원자는 점점 늘어났습니다. 지원자가 급증하는데 TV가 얼마나 큰 영향을 끼쳤는지, 지금까지 두 개의 큰 사건들을 통해서도 짐작할 수 있습니다.

그 첫 번째는 1969년 아폴로 11호 달 착륙 TV 중계 직후에 일어났고, 두 번째는 CNN 등 미국 주도의 걸프전이 위성방송에서 보도되고 난 직후에 찾아왔습니다. 최근까지 통역지원자의 대부분은 민간 양성기관에서 통역 훈련을 받아왔다고 해도 과언이 아니었습니다. 특히 유럽과는 달리 일본에서는 대학에서 통역사 양성이 활발하게 이루어지지 않아서 앞서 소개한 국제기독교대학 외에 두세 개의 대학이 통역 강좌를 개설하고 있을 뿐이었습니다. 그러나 통역의 실무적 언어 운용능력이 세상의 주목을 받게 됨에 따라 대학의 통역 관련 강좌가 급속히 늘어나게 되었습니다. 1996년에는 전국에서 24개의 학교가 통역 양성 관련 강좌를 개설하게 되었습니다. 더욱이 통역을 고도의 전문직이라고 규정지어 유럽과 마찬가지로 대학원 레벨의 교육과 훈련이 필요하다는 인식이 비로소 결실을 맺어 1995년, 일본 최초로 대학원 통역 양성 코스가 대동문화대학에 개설되었습니다.

통역양성코스는 1995년에 대동문화대학 대학원에 개설된 이래 2012년에는 일본 전국에 통역전문학원이 50여 개, 통·번역을 합하면 130여 개로 눈부신 성장을 이루었습니다. 또한 통·번역을 알선해 주는 에이전시도 200여 개(통역42, 번역162)로 통·번역 분야의 양적인 발전을 실감할 수 있습니다.

이후 2021년 현재는 대학에서 개설하고 있는 통역 양성 코스가 139개, 전문학교는 44개로 비약적인 성장을 이루었습니다. 특히 2017년에는 오사카(大阪)대학대학원에 의료통역 양성 코스가 개설되었고, 2021년4월에는 준텐도(順天堂)대학대학원 의학연구과에 T헬스 커뮤니케이션코스가 개강될 예정입니다.

이와 같이 일본에서도 통역에 대한 중요성과 필요성이 인식되어 대학원 레벨에서 이론적인 교육과 실제적인 훈련이 좀 더 체계적으로 세분화되어 활성화되고 있습니다.

II
다문화 커뮤니케이션과 통역

1. 다문화 커뮤니케이션이란

1) 다문화 이해와 공유

　최근 '다문화 커뮤니케이션'이라는 말을 자주 듣는데, 다문화를 가진 사람들과의 커뮤니케이션은 문화나 언어의 차이가 있기 때문에 매우 어려운 문제입니다. 그런데 우리는 외국인에 대해 고정관념을 갖고 있지는 않은가요? 예를 들어 백인을 만나면 바로 영어로 말을 걸어보려고 합니다. 하지만 상대가 헝가리 사람이고 영어를 할 줄 모른다는 것을 알게 되면 '뭐야, 영어를 모르는 건가?'라며 실망합니다. 반면에 개발도상국 아시아인과는 한국어로 대화가 통하지 않으면 '적어도 한국어 정도는 공부해 와'라고 내심 생각하기도 합니다. 이것은 한국인에게 '서양 숭배' 사상이 뿌리 깊게 남아있어 아시아인에 대해서 우월감을 가지고 있는 증거라고 생각합니다.
　우리는 이러한 고정관념을 완전히 버리고 다문화를 이해하여 어느 나라의 사람과도 공평하게 교류를 해야 할 필요가 있습니다. '인종 차별 없이 상대의 문화를 존중하고 서로 교류하는 것'이 중요합니다. 나아가 여기서 가장 중요한 것은 자기 나라 문화만을 주장하는 것이 아니라 상대방의 문화도 존중하는 것입니다. 다시 말해 바람직한 다문화 커뮤니케이션이란 '나와 상대방의 공생공영과 상호 존중을 위한 정보교환, 정보 공유, 공통의 의미 형성 행위다'라고 정의할 수 있습니다. 따라서 '다문화 커뮤니케이션'이란 '문화의 이해와 공유'라고 생각합니다.

2) 다문화 적응능력을 높이는 방법

다문화 적응능력을 높이는 방법은 다음의 4가지 분야로 나타낼 수 있습니다.

- 자립성(Autonomy): 자신의 방향을 결정하고 독자적으로 결단을 내려 자신을 과시할 수 있는 능력

- 유연성(Flexibility): 애매함을 참고 새로운 경험에 대응하여 인간의 차이점을 받아들이는 능력

- 탄력성(Resilience): 낙담을 수용하고 욕구불만을 해소하여 스트레스로부터 회복할 수 있는 능력

- 감수성(Sensibility): 개인에게 공감하고 주변의 사정을 파악하여 타인에 대한 반대를 피하는 능력

이 행동 계획은 다문화에 대한 적응성을 개선하기 위해 무엇을 해야 하

는지에 대한 제언입니다. 대학의 '다문화 커뮤니케이션'이나 '국제 커뮤니케이션론'등의 수업에서 교수가 학생에게 과제를 내주는 것도 하나의 방법이고, 사회인은 일상적으로 실천하도록 권유할 수 있습니다.

자립성 (Autonomy)
① 자신에게 있어서 중요한 가치관을 목록으로 작성한다. (조화, 겸손, 아름다운 환경 등)
② 자신이 속한 그룹과는 다른 자신의 취향을 주장한다. (분위기를 망치지만 나중에 사과한다)

유연성 (Flexibility)
① 전통 음식점에 들어가 먹어본 적 없는 전통 음식을 주문한다. 주문하기 전에 느낀 인상과 실제로 먹어본 느낌을 비교한다.
② 전에 가보지 않았던 종교적인 행사나 축제에 참가한다. 이 경험을 자세하게 기술한다.

탄력성 (Resilience)
① 외국에서 온 선생님이나 학생을 인터뷰한다. (문화, 일상생활, 매너, 에티켓 등)
② 외국 여행안내 책자를 읽는다. (금기사항을 포함해 습관이나 규칙 목록을 만든다)

감수성 (Sensibility)
① 외국 영화를 보면서 배우들의 보디랭귀지를 관찰한다. (자문화와 비교하여 해석한다)

② ①의 영화에서 나온 표현 중 한국어 표현과 다른 부분을 리스트로 작성한다. (자랑하거나 거절하는 표현 등)

국제화 사회에서는 다문화 다민족 공생의 시대를 맞이하여 한국인의 '다문화 적응 능력'을 점점 높일 필요가 있습니다. 이것을 달성하기 위해서 네 가지 행동 계획을 통한 다문화 적응 훈련을 제안해 보았습니다. 이러한 행동을 통해서 다문화를 더욱 깊고 실제적으로 이해하여 국제무대에서 자신의 매너 향상을 목표로 하기 바랍니다.

3) 다문화와 통역

21세기에 들어 세계는 하나가 되려 하고 있습니다. 인터넷으로 전 세계의 정보를 얻을 수 있고, 한국에서도 전 세계로 정보를 발신할 수 있습니다. 또한 수시로 E메일이나, Face book, 카톡 등으로 교신할 수 있게 되었습니다. 이러한 환경 속에서 앞으로의 통역사는 글로벌(지구촌) 의식을 가져야 합니다. 여기서 글로벌 시대를 초월하여 생겨난 지구촌, 국제촌, 다문화 촌이라는 말의 의미를 생각해 보고자 합니다. 즉, '세계주의', '국제주의', '다문화주의'에 관한 개념입니다.

'세계주의' (Globalism)

① 서울의 시청자가 한국산 삼성 TV를 켜서 소니 엔터테인먼트가 제작한 할리우드 영화를 보고 있다.
② 조깅을 하고 있는 미국인이 중국산 나이키 신발을 신고 태국산 아디다스 스포츠 웨어를 입고 있다.

이 현상은 정보, 돈, 제품, 서비스를 중심으로 하는 움직임이 이미 지역이나 국가 차원에 한정되어 있지 않다는 것을 의미합니다. 삼성, 나이키 등은 세계적으로 큰 다국적 기업이 되었습니다. 이들 회사는 한 나라에서 창업하여 본사를 두고 있지만 지금은 세계적 규모의 기업이 되었습니다.

'국제주의' (Internationalization)

국제주의란 '세계는 점점 좁아져 가고 있기 때문에 우리들의 생활이나 미래는 점점 서로 얽히고설키는 관계가 되고 있습니다. 따라서 그 상호 관계를 상호 이익과 연결시키도록 노력합시다'라는 생각입니다. 예를 들면 국제회의, 학자 간의 교류, 의료 협력, 해외 학습 프로그램, 예술 투어 실시 등을 통해 많은 사람이 국제무대에서 활약하고 있습니다. 이것은 돈이나 비즈니스보다 국제인으로서 세계에 공헌하는 것입니다. 그리고 여기에는 '통역'의 존재가 있어서 통역사가 없으면 아무것도 성취할 수 없다는 점도 강조해야 합니다.

'다문화주의' (Multigulturism)

다문화주의는 다른 나라의 문화를 배우는 국제주의와는 대조적으로, 자신의 근처에 사는 다른 문화의 사람들을 이해하고 받아들이는 것을 가리킵니다. '그 누구에게나 들어갈 수 있는 여지가 있다'라는 미국 이민의 역사가 있지만 다문화주의는 받아들이기 힘든 점도 있습니다. 지배적인 문화에 속한 미국 백인은 멕시코인이나 아프리카계 미국인을 이해하고 평가하는 데 시간이 걸렸습니다.

미국인이라도 이런 이해가 어렵기 때문에 지배적 인구가 98%나 되는 한국에서는 더욱 어려울 것이라고 생각합니다. 하지만 이제부터는 외국인에 대해 부정적인 태도를 취하는 고정관념, 편견, 차별을 개인적으로 버리는 노력이 필요합니다. 생활양식, 가치관, 규범과 습관, 상징과 언어 등에서 문화의 차이를 제대로 알고 관대해지도록 열심히 노력하는 것이 중요합니다.

2. 통역사에게 필요한 요소

1) 이해를 위한 언어능력

  기점 언어(Source Language, SL)가 모어가 아닌 경우는 물론, 모어일 경우에도 그것을 이해하려는 노력이 통역사에게는 필요합니다. 국제회의에서는 그 분야의 전문가가 의사전달을 위해 모여서 최신 정보를 교환하기 때문에 발화의 의미나 필요한 표현 및 용어를 알아두는 것이 중요합니다. 통역사가 맡는 분야는 여러 분야에 걸쳐있기 때문에 사전에 대량의 자료를 읽어 전문용어를 미리 익혀두어야 합니다. 그렇게 하기 위해서는 언어 운용능력을 갖출 필요가 있습니다. 특히 모어가 아닌 사람의 일본어라고 하면, 먼저 적어도 기술상의 분류로 내놓은 통역 예문의 일본어를 평상시 속도로 듣고 이해할 수 있는 능력이 필요합니다.

  유럽과 미국의 경우 통역 훈련을 시작하는 것은 대학원에 들어가서부터가 지극히 자연스러운 일입니다. 한국에서는 훈련 개시 시기 그 자체의 장애는 적지만 본격적으로 프로를 목표로 한다면 훈련을 시작할 때 한국어는 신문기사 정도의 지식이나 어휘력, 일본어는 신문이나 시사주간지 등을 독해할 수 있는 능력을 갖추는 것이 바람직합니다.

  그렇다면 이해를 위한 언어능력은 어느 정도 갖춰야 할지 한번 예를 들어 보겠습니다.

- 일본신문의 사설이나 사회면 기사를 사전 없이 80~90% 이해할 수 있을 정도
- 학술논문, 보고서, 강연원고 등을 충분히 이해하고 요약할 수 있을 정도
- 일본 영화나 TV를 보고 내용을 90% 정도 이해할 수 있으며 일본사람들이 웃는 장면에서 같이 웃을 수 있는 정도
- 연설은 어떤 내용이든 듣고 이해할 수 있는 정도(전문적 연설 제외)

이와 같은 내용을 70~90% 정도 이해하여 제3자에게 정확히 일본어로 전달할 수 있는 능력을 갖추는 것이 중요합니다.

2) 표현을 위한 언어능력

통역사는 듣는 사람이 이해하기 쉽도록 난해한 표현도 쉬운 표현을 사용하여 통역해야 합니다.

예를 들어, 다음 문장의 번역으로 a, b 중 어떤 것이 이해하기 쉬울까요?

原爆がもたらした地獄の参苦や絶望を乗り越えて、
人間であり続けた事実です。

---

a. 원폭이 초래한 지옥의 참담함이나 절망을 극복하여 계속해서 인간으로 있다는 사실입니다.
b. 원폭이 가져온 지옥과도 같은 참혹함이나 절망을 넘어 인간으로서의 존엄을 지킨 사실입니다.

위의 문장에서 "人間であり続けた事実"은 한국어로 표현하기가 어려운 말인데 위 번역에서는 "인간으로서의 존엄을 지킨 사실"이라고 의역을 하여 듣는 사람의 이해를 돕도록 했습니다.

1969년 아폴로 11호 달 착륙 TV 중계 때 많은 통역사가 여러 방송국에서 아폴로와 미국 우주비행관 착륙 센터와의 교신을 동시통역을 했습니다. 다음은 우주 비행사의 말입니다. 'Houston, what's the O^2 reading on my Pliss?' 'Pliss'란 'Portable Life Support System'을 말합니다. 통역사로서 전문용어이자 약어인 이 말의 의미를 알고 있는 것이 대전제이지만, '生命維持装置における酸素はなんだ'라고 번역할 시간적 여유도 없을 뿐 아니라 번역한다고 해도 시청자들은 이해하기 어렵습니다. 이때 통역사 중 한 명이었던 니시야마 센(西山千) 씨는 이것을 'ヒューストン、わたしの酸素の量はいくらだ'라고 즉시 통역했다고 한다. 제한된 시간 속에서 이해하기 쉬운 통역이란 이러한 것을 말합니다.

  목표언어(Target Language)가 모어가 아닌 경우도 동일합니다. 세련된 표현, 비유 표현을 듣고 이해할 수 있는 능력은 필요하지만 자신의 통역에 많이 사용할 필요는 없습니다. 오히려 문법적으로 맞는 표현으로 듣는 사람이 무리 없이 이해할 수 있도록 신속하게 통역할 수 있는지의 여부가 중요합니다.

3) 다문화 이해를 위한 언어능력

  문화의 차이는 언어의 색이 깊게 반영되는 것입니다. 예를 들면, fairness를 좋아하는 구미문화에서는 일상 회화 속에서도 자주 이 말이 사용된다. 그것은 '공평함'이라는 의미를 넘어 자신이 어떤 것을 받아들일 수 있는가 없는가에 대한 의지 표시로써 사용되는 경우가 많습니다. 친구와 즐겁게 놀고 있을 때 어머니에게 무언가를 하라고 지시받았을 때 아이는 'That's not fair!' 라고 말하는 것이 그 예입니다.

  그랜 S 후쿠시마 씨는 미일무역협상의 자리에서 미국 통상 대표 야이타 씨가 당시의 와타나베 미치오(渡辺美智雄) 통상 대신에게 몇 차례 'fair enough'라는 가벼운 표현을 사용한 것을 통역사가 그때마다 '매우 공평합니다'라고 통역한 것에 위화감을 느꼈다고 합니다.

일본에서는 스피치나 연설의 서두에 '방금 소개받은 OOO입니다'라고 자신의 이름을 스스로 언급하는 경우가 많습니다. 영어권 문화에서는 그다지 볼 수 없는 습관이기 때문에 'Thank you for your kind introduction, Mr. ABC.'처럼 소개해 준 사람에 대한 감사 표현으로 통역하도록 배우는 경우가 많습니다. 왜냐하면 영어에서는 스피치의 서두에 감사의 말을 하는 것이 일반적이기 때문입니다. 이것은 문화의 차이를 고려하여 원활한 커뮤니케이션을 지향한 방법이라고 말할 수 있을 것입니다.

또한 일본인은 말하고 싶은 것을 그대로 다 말하지 않는다고 일컬어지며, 그와는 대조적으로 미국인은 지나치게 분명하게 말한다고 합니다. 이러한 두 사람이 화자와 청자가 되었을 경우에 커뮤니케이션을 원활하게 하기 위해서는 통역사가 그 문화적 차이를 숙지하고 있지 않으면 큰 오해가 생기기 쉽습니다. 사회 구조 자체가 언어로 말하는 것을 기반으로 이루어진 구미에서는 변론술이나 토론술이 발달하여 교양 있는 사람들은 실로 웅변에 막힘이 없습니다.

일본의 노벨문학상 수상자인 가와바타 야스나리(川端康成) 씨가 노벨상을 수상했을 때의 일입니다. 가와바타 씨가 기자단에게 둘러싸여 질문을 받고 너무나도 천천히 생각하면서 대답하고 있어 아직 대답이 끝나지 않았는데 기자단으로부터 다음 질문이 나왔습니다. 그러자 가와바타 씨는 사고가 멈춰버려 생각한 대로 대답하지 못했습니다. 그것을 알아차린 통역사는 아직 대답이 끝나지 않았으니 조금 더 기다려 달라고 말했다고 합니다. 본래는 그 자리에 통역사가 있는 것조차 의식할 수 없도록 당사자의 발화만을 통역하는 통역사이지만 때로는 이런 재치가 커뮤니케이션을 원활하게 하는 경우도 있습니다.

III
통역방식에 의한 분류

1. 순차통역(Consecutive Interpreting)

    순차통역이란 화자가 일단 발언을 한 단락 끝낸 시점(30초에서 1분 정도)에서 통역사가 순차적으로 통역을 해 나가는 방식입니다. 이 통역에서는 두 사람의 발화가 겹치는 경우는 없이 서로 번갈아 연속적으로 통역을 해 갑니다. 끊는 단락은 화자가 적당한 시기를 보아서 만들어가는 것이 일반적입니다. 유럽과 미국에서는 이 단락이 좀 더 긴 3분에서 4분에 이릅니다. 회의 통역이 처음으로 본격적으로 채용되었다고 일컬어지는 베르사유 강화회의에서는 30분에서 1시간에 걸친 스피치를 도중에 끊지 않고 통역했다고 전해지고 있습니다. 단락이 긴 순차통역은 여러 가지 통역 방법 중에서도 가장 어려운 것입니다.

    통역사는 발화자의 이야기를 듣고 의미를 이해하려고 노력하면서 기억하여 노트테이킹을 하고, 이야기가 끝남과 동시에 통역을 시작하는 것입니다. 순차통역은 화자의 말과 동시에 진행되는 동시통역에 비해 시간은 거의 두 배가 걸리지만 고도의 정확성을 요하는 협상이나 기자회견, 강연 등에서 많이 사용됩니다. 일본에서는 특히 프로 통역사의 일 가운데 순차통역의 비율이 높아 전체의 50%를 차지합니다.

순차통역은 통역 기술의 세 가지 요소인 이해, Retention(기억과 노트테이킹), 표현이 비교적 명료하게 식별되기 때문에 기술 습득 훈련도 효과적이며 통역사 양성 과정에서 가장 중요한 부분을 차지합니다. 또한 순차통역 방식은 모든 통역의 기본이 되며 통역 기술의 기초가 됩니다.

2. 동시통역(Simultaneous Interpreting)

동시통역이란 화자의 발언이 끝나기 전에 통역사가 통역하는 방법입니다. 화자와 통역사가 동시에 발화하고 있는 시간이 압도적으로 길기 때문에 이러한 명칭이 붙여진 것이지만 당연히 한 글자 한 글자 동시에 발화할 수는 없습니다. 게다가 얼마만큼 늦어지고 혹은 얼마만큼 차이가 생기는지도 일정하지는 않습니다. 음성을 문자 그대로 재현하는 것은 기술적으로 어려운 일입니다.

동시통역은 통역 중에서도 가장 잘 알려져 있는 방식이며, 듣는 것과 말하는 것을 동시에 행한다고 하는 약간 '인간을 초월하는' 이미지가 있어서 주목을 받기 쉽습니다. 동시통역에서는 통역사는 보통 부스라고 불리는 칸막이가 쳐진 방에 들어가 헤드폰을 쓰고 화자의 말을 들으며 무선 혹은 유선 송신장치를 통해 통역을 듣는 사람들에게 전달합니다. 동시라는 새로운 작업상의 절약을 위해 통역사는 보통 15~20분 간격으로 교대합니다.

통역사는 듣는 것과 동시에 통역을 하지만 이야기의 내용을 어느 정도 이해할 필요가 있으므로 동시라 고는 해도 보통 3~10초 정도의 차이가 있습니다. 이 시간적인 차이를 EVS(Ear-Voice-Span [청취-발화간격])라고 합니다.

　동시통역이 국제회의에서 처음 채택된 것은 통역 역사에서도 서술하였듯이 제2차 세계대전 직후 있었던 뉘른베르크 재판에서였습니다. 사용된 언어가 영어, 프랑스어, 러시아어, 독일어의 4개 국어였기 때문에 순차통역은 시간적으로 불가능했으므로 동시통역이 시험적으로 사용되었습니다. 이 중요한 곳에서 성공을 거두어 동시통역은 새롭게 설립된 국제연합에서도 채택되었습니다.

　그 후에도 많은 다국 간 회의에서도 사용되어 현재에는 국제회의에서 가장 일반적인 통역 형식이 되고 있습니다. 최근에는 TV에서 통역으로 이 방식이 사용되는 경우가 많고, 일반적으로도 친근한 방식이 되었습니다. 또한 유럽과 미국에서는 프로 통역사의 일 중에 거의 90%가 동시통역이라고 할 수 있습니다.

　최근 주목을 받고 있는 동시통역 중에는 원격 동시통역(RSI: Remote Simultaneous Interpretation)이 있는데 이 통역은 통역사가 현장이 아닌 다른 장소에서 전화나 온라인시스템 등을 사용해서 행하는 통역을 말합니다. 특히 최근에는 화상회의나 SNS보급에 따라 장소에 구애받지 않고 통역을 이용하고 싶다는 니즈가 높아지고 있고 통역부스, 기계설비의 구축에 드는 비용을 절감하면서, 회의 참가자가 어디에 있어도 자신의 스마트폰이나 태블릿, 노트북으로 쉽게 통역 음성을 들을 수가 있기 때문에 이러한 기기들을 이용하는 기업과 기관들이 점점 더 늘어나고 있는 추세입니다

3. 위스퍼링 통역(Whispering Interpreting)

　동시통역의 한 가지 형태이지만 통역사가 부스 안에서 헤드폰을 통해 들

는 것이 아니라 회의실 안에서 통역을 필요로 하는 참가자 가까이에서 청자의 귀에 속삭이듯(Whisper) 통역합니다. 헤드폰 등에 의해 외부로부터 들어오는 소리를 차단하는 것이 불가능하기 때문에 자신의 목소리나 그 외의 잡음의 방해를 받는 등 통역 조건으로서는 좋지 않고 정확한 통역이 어려운 경우가 많습니다. 부스나 헤드폰은 사용하지 않지만 간단한 무선 송신 장치를 사용하여 통역사의 목소리를 수신기를 통해 듣는 사람에게 전달하는 중간적인 방식도 있습니다.

일반적으로 듣는 사람이 다수일 경우에는 동시통역 장치를 이용해 동시에 많은 사람에게 통역을 들려주지만 청자가 한 사람일 경우에는 그 사람의 귓가에 속삭이듯 통역합니다. 환영회에서 주요 인사에게 통역을 한 사람씩 수행하는 경우나 TV 인터뷰 등에서 많이 사용됩니다.

위스퍼링 통역은 통역사에게 있어서 부담이 크고 통역의 질적 저하를 피할 수 없기 때문에 한 시간 이내의 짧은 회의 이외에는 사용되어서는 안 되는 것으로 여겨지고 있습니다. 하지만 시간 절약이 되고 고가의 통역 장치를 사용하지 않아도 된다는 이유로 기업 내 회의 등에서 자주 사용됩니다.

4. 시차통역(Prepare Interpreting)

시차 통역은 주로 방송 현장에서 사용하는 통역 방식입니다. 시차통역에서는 통역사가 사전에 방송할 예정인 영상을 보고 동시에 그 음성을 들으면서 번역해 가면서 간단한 통역 원고(또는 통역 메모)를 만듭니다. 실제 본 방송에서는 통역사가 만들어 놓은 통역 원고를 영상에 맞추어서 읽어 나가는 것입니다.

통역 원고를 만들기 위한 준비를 할 수 있는 시간에는 여러 가지 경우가 있습니다. 방송 현장 통역에서도 사전에 영상을 보지 못해 준비도 할 수 없는 상황에서 본 방송의 동시통역을 하게 되는 경우도 있는데 이것을 생방송 동시통역이라고 부릅니다. 이 생방송 동시통역은 난이도가 상당히 높습니다.

지금까지 방송국에서는 매우 긴급한 뉴스 이외에는 공공 미디어로서 확실성을 중시하기 때문에 기본적으로는 시차 통역으로 하는 경우가 많았지만 최근에는 신속한 보도를 중시하게 되어 생방송 동시통역으로 방송하는 경우도 늘고 있는 경향이 있습니다.

IV
통역형태에 의한 분류

1. 회의통역

　국제회의나 외교협상, 강연회, 심포지엄, 세미나, 각종 국제 학회 등에서 일을 하는 통역이 회의 통역입니다. 화자와 청자의 수가 많은 경우에는 동시통역방식을 취합니다. 통역 방식으로는 순차통역과 동시통역이 있는데 회의 규모나 참가자 수, 내용에 따라서 어느 방식으로 할 것인지를 결정합니다. 이 통역은 높은 어학능력뿐만 아니라, 통역하는 내용에 따라서 그 분야의 전문지식(용어), 배경지식이 필요합니다.

　UN, WTO, OECD 등의 국제기구나 정부기관이 주최하는 회의뿐만 아니라 민간경제단체나 학술단체가 조직하는 회의도 이 카테고리에 들어갑니다. 통역 방식으로는 동시통역이 많지만 순차통역, 문장구역(Sight Translation) 등도 포함됩니다.

　프로 통역사에 의한 회의 통역이 본격적으로 사용된 것은 제1차 세계대전 후에 있었던 파리 평화회의 때부터라고 합니다. 1930년대부터 유럽을 중심으로 회의 통역이 확산되어 1941년에는 제네바 대학에 세계 최초로 통역사 양성기관이 설립되었습니다. 회의통역사의 국제조직으로서는 제네바에 본부를 둔 국제회의통역사협회(AIIC:International Association of Conference Interpreters)가 있습니다.

2. 비즈니스 통역

외국인 상대의 비즈니스 회의나 외국인 스태프가 있는 기업 내의 미팅, TV 회의, 프레젠테이션, 계약이나 인수합병·협상 등 비즈니스를 하는데 필요한 통역입니다.

일반적으로는 비즈니스와 관련된 통역이지만 특히 민간기업에서 통역이 필요할 때 통역을 하는 것을 가리킵니다. 기업의 기술이나 경영철학을 배우러 오는 시찰단이나 연구자와 기업 측 사이에서 통역하거나, 계약 협상 등의 비즈니스 협상 자리의 통역이 이에 해당됩니다.

1990년 이후 일본 국내 기업의 국제적인 제휴가 급속하게 전개된 결과 수요가 급증해서 최근에는 모든 통역 가운데 사용 빈도가 가장 높습니다. 미일 재계회의나 태평양경제협의회(PBEC) 등 경제단체가 주최하는 회의의 통역은 비즈니스 관련 통역이지만 형태로서는 회의 통역에 들어가고 난이도도 회의 통역과 차이가 없습니다. 기업 내의 회의에서도 합병기업의 임원회의 등은 동시통역으로 이루어지는 경우가 많고 난이도도 높습니다. 이렇게 비즈니스 통역의 대부분은 실질적으로 회의통역이기 때문에 이 두 가지의 구별은 어렵습니다.

최근에는 많은 사람이 일방적으로 설명을 듣는 경우 무선 이어폰을 이용해서 동시통역을 하는 경우가 많아졌지만, 사안이 민감한 협상은 순차 통역으로 진행하는 경우가 많습니다. 상담 속에는 거래 조건, 계약 사항 등 세세한 내용도 있으므로 통역사는 국제 비즈니스 지식을 반드시 갖추고 있어야 합니다. 또한 통역을 의뢰한 기업의 의무사항을 확실히 파악해 두거나, 상담을 하는 상대 기업에 대해서도 사전에 지식을 입수해 둘 필요가 있습니다.

비즈니스 통역은 기업에 상시 고용된 통역담당자가 하는 경우와 외부의 프로 통역사가 기업의 의뢰를 받아서 하는 경우가 있습니다. 어느 경우라도 재무, 인사, 영업, 기술제휴 등 기업 활동에 관한 지식이 통역 활용에 큰 영향을 끼칩니다.

3. 방송통역

TV나 라디오 방송에서 하는 통역을 방송 통역이라고 합니다. 해외뉴스 방송의 한일 통역이나 일본뉴스의 음성다중 방송 부분의 일한 통역이 있습니다. 또한 해외에서 온 내방객과의 인터뷰 통역은 그 프로그램의 출연자도 청자가 됩니다. 이 경우 방문객에게는 위스퍼링으로, 청자인 출연자와 시청자에게는 순차 통역으로 통역하는 경우가 많습니다.

전파를 통해 다수의, 게다가 눈에 보이지 않는 청자를 상대로 하기 때문에 프로 통역사에게는 특수한 스트레스가 생깁니다. 중요한 정보를 누락시키는 일이 없어야 하고, 난해한 표현도 허용되지 않습니다. 중대한 뉴스의 오역은 막대한 결과를 가져올 수 있습니다. 또한, 통역에는 상당한 편집 능력이 요구됩니다. 뉴스 원고는 귀로 듣고 무난히 이해할 수 있는, 깔끔한 문장이 요구되는 이유를 이런 점에서 알 수 있을 것입니다.

그리고 개최 일시를 일찍부터 알고 준비에 많은 시간을 들여야 하는 회의 통역과는 달리 뉴스 프로그램 통역은 그때그때 어떤 뉴스가 들어올지 알 수 없습니다. 그렇기 때문에 번역할 언어에 능통해야 할 뿐만 아니라 통역을 하는 나라의 사회현상이나 세계의 움직임을 잘 알고 있어야 통역을 할 수 있습니다.

일본에서는 1960년대 후반부터 좌담회에서 방송 통역이 이루어져 왔지만, 1969년 아폴로호 달 착륙의 동시 중계로 더욱더 각광을 받게 되었습니다. 그리고 1980년대 말 일본에서 위성방송을 시작함에 따라 통역 횟수가 늘어나고, 걸프 전쟁(1990)의 TV 보도 등이 계기가 되어 방송 통역이 점차적으로 정착하게 되었습니다. 또한 2001년 9·11테러, 이라크 전쟁(2003) 때에는 방송 통역사가 매우 중요한 활약을 하였습니다.

스피치나 기자회견 통역의 경우 회의 통역과 큰 차이는 없지만 정시 뉴스 프로그램 통역에서는 사전에 녹화를 몇 차례 보고 나서 통역을 하기 때문에 '시차 동시통역'이라고도 불립니다. 초기 단계에서는 회의 통역사가 방송국의 의뢰를 받고 통역을 하는 경우가 많았지만 방송 통역이 정착한 이후에는 방송 통역을 전문으로 하는 사람이 늘어나 최근에는 '방송 통역사'라는 새로운 직종으로 인정받고 있습니다. 방송 통역의 대부분은 한국어로 통역되고 외국어로 통역할 필요가 없어 모어 표현에 주로 관심을 가진 사람들에게 새로운 전문 직종을 보여주는 것이기도 합니다.

방송 통역사에게 필요한 스킬은 첫 번째 누구에게나 알기 쉬운 명료한 표현과 발화, 두 번째는 네이티브의 뉴스를 한 번에 이해할 수 있는 어학능력, 세 번째는 모든 내용에 대응할 수 있는 한국어·일본어 운용능력, 마지막으로는 외국의 역사와 문화에 관한 깊은 지식 등입니다.

4. 예능통역(무대인사 등)

　예능 통역은 내한 예능인(프로 스포츠 선수, 배우, 영화감독, 아티스트 등)이 방문하는 곳의 통역, 공연 통역, VIP 수행통역, 잡지·TV 인터뷰를 시작으로 무대인사, 연기지도, 기자회견 등의 통역을 말합니다만 경우에 따라서는 계약 협상 통역을 하는 경우도 있습니다. 일반적으로 아티스트는 자신의 개성이 강하기 때문에 프로 통역사가 그 개성을 이해하고 미리부터 신뢰 관계를 쌓아 두지 않으면 통역 의무 그 자체에도 지장을 초래합니다. 따라서 예능인 통역사 로서의 중요한 자질은 세심한 배려와 빠른 이해 능력, 인내심, 그리고 겸손함을 들 수 있습니다.

　게다가 연극, 영화, 음악 등을 담당하는 장르에 대한 깊은 지식이 요구됩니다. 일을 찾기 위해서는 지인의 소개나 에이전시의 의뢰가 주류를 이루지만 통역 관련 잡지나 신문의 통역 모집 광고에도 주의를 기울여 정보를 수집하고 적극적으로 지원해 보는 노력이 필요합니다.

　통역 형식으로는 순차통역이나 위스퍼링이 이루어집니다. 통역하는 상대가 뮤지션인 경우 작품 성향과 과거 곡명 및 경력에 대해, 연출가인 경우 작품이나 연극 전반에 대한 상세한 지식이 필요합니다. 예를 들면, 오페라 용어에 '콜로라투라(coloratura) 3년, 레가토(legato) 8년'이라는 말이 있는데 이것은 '목을 굴리듯이 해서 3년, 선율을 거침없이 노래하는 레가토를 마스터하는 데에 8년이 걸린다'는 의미입니다. 사전에 오페라 용어를 학습했다면 알 수 있지만, 그렇지 않은 사람에게는 무슨 말인지 알아들을 수 없습니다. 그렇기 때문에 상세하게 지식을 갖춰 둘 필요가 있습니다.

5. 통역 가이드

　통역 가이드는 관광이나 비즈니스 목적으로 한국에 온 외국인들에게 보수를 받고 여행에 관한 안내를 하는 일입니다. 한국에서는 어학분야의 유일한 국가시험인 '관광 통역 안내사 시험'에 합격해야 합니다. 통역 능력도 필요하지만 오히려 한국의 역사, 지리, 문화에 대해 일본어로 설명할 수 있는 능력이 요구됩니다. 또 투어 컨덕터와 똑같이 투어가 잘 진행되도록 돕고, 도맡아 관리하는 것도 가이드의 업무입니다.

　또한 짧게는 몇 시간, 길게는 몇 주간 외국인 관광객과 행동을 함께 하면서 즐거운 추억을 만들 수 있도록 돕고, 그들이 한국에 대해 좋은 인상을 갖고 돌아갈 수 있도록 공헌한다는 의미로 통역 가이드는 '민간외교관'이라 불리기도 합니다. 또 마음의 교감을 통해서 다문화 간 가교 역할을 한다는 의미에서 통역 가이드에게는 어학능력뿐만 아니라 인간으로서의 뛰어난 성품이 요구됩니다.

　최근에는 한국의 눈부신 경제 발전과 함께 순수한 관광객 이외에도 비즈니스, 기술 연수, 예능 프로모션 등 다른 목적으로 관광을 겸해서 방문하는 사람들의 수가 늘어나고 있습니다. 이에 따라 가이드가 하는 일도 다양해지고 있고, 고객을 수행하면서 여러 가지 이벤트, 공장 안내, 언론 인터뷰 등 필요에 따라 통역 업무도 수행해야 하는 경우도 있습니다.

　게다가 수행 통역처럼 체류 기간 동안 전 일정을 동행하는 경우도 있습니다. 예를 들면 외국인 VIP가 내한했을 때 수행하며 스케줄을 조정하거나 쇼핑, 식사 등에 동행하면서 통역 업무를 하는 일입니다. 어학능력이 필요한 것은 물론이지만 엄밀히 말해 통역 기술보다 VIP가 편안하게 머무를 수 있도록 기여한다는 측면이 강합니다.

통역 가이드에게 요구되는 스킬은 다음과 같습니다.

어학력 – 관광 가이드이기 때문에 한국문화를 어필할 수 있는 프레젠테이션 능력이 필요하다.

지식·조사력 – 종래의 유적지만 안내하는 것이 아니라, 현대 한국 문화도 안내해야 하기 때문에 다양한 분야의 정보를 수집해야 한다.

트러블 처리능력 – 가이드는 대인관계의 일이기 때문에 어떠한 상황에서도 자신의 감정을 드러내지 않으면서 차분히 최선의 처리능력을 발휘할 수 있어야 한다.

호스피탈리티 – 외국인 손님이 한국에 머무를 때 쾌적하게 지낼 수 있도록 배려를 할 수 있는 마음가짐도 중요하다.

6. 법정통역(사법통역)

재판이나 조사 현장 등 법정 관련 상황에서 이루어지는 통역입니다. 경찰서나 구치소에서 이루어지는 통역도 포함하여 '사법 통역'이라 불리는 경우도 있습니다.

외국인이 한국에서 경찰 취조나 재판을 받을 때 경찰관이나 재판관과 외국인 사이에서 통역하는 일입니다. 변호인 접견에 동행하여 통역을 하는 경우도 있습니다. 외국인이 재판을 받는 과정에서 한국어를 이해하지 못하는 피의자 혹은 피고인이 불이익을 당하지 않도록 법정 통역사가 따라다니는 것입니다.

이것은 UN국제인권규약(B규약)을 비준하고 있는 한국에서는 반드시 지켜야 하는 외국인 인권입니다. 1966년 12월 16일에 제21차 UN총회에서 채택된 '시민적 및 정치적 권리에 관한 국제 규약'(국제인권 〈자유권〉 규약) 제14조 〈공정한 재판〉 3 - f에 '법원에서 사용되는 언어를 이해하는 것, 혹은 말하는 것이 불가능한 경우에는 무료로 통역을 원조 받을 것'이라고 적혀 있기 때문입니다. 최근에 입국관리 최전선에서 이루어지는 통역도 법정 통역 영역에 포함됩니다.

또한 한국인이나 한국계 기업이 외국에서 소송에 휘말렸을 때는 한국어를 모어로 하는 현지 거주 프로 통역사에게 의뢰하는 경우가 많습니다. 보통 재판에서 발언하는 재판관, 검찰관, 피고인, 변호인(경우에 따라서는 증인) 모두를 혼자서 통역합니다. 그 부담은 크며 나아가 중립 및 공정한 입장으로 일관해야 합니다. 통역한 단어 하나하나가 증거가 되고, 피고인의 말을 부드러운 말투로 통역할 것인지, 난폭한 말투로 통역할 것인지에 따라 복역 기간이 달라질 가능성도 있습니다.

일본의 어느 불법체류자의 공판에서 재판관의 "당신은 범죄를 저질렀으니까" 라는 말을 crime을 사용해 통역했더니 피고인이 화를 내면서 "나는 crime은 저지르지 않았어요" 라고 말했다고 합니다. 하지만 그 프로 통역사는 피고인이 crime이라는 말 때문에 화를 내고 있다는 것을 전혀 눈치채지 못했습니다. "죄" 란 광범위한 의미이기 때문에 그 프로 통역사에게는 죄=crime였던 것입니다. overstay라면 offense라는 단어를 사용하는 게 나았을지도 모릅니다. 그러므로 자신만의 단어 리스트를 몇 개 정도 만들어 두고 구분해 사용하는 것이 중요합니다.

다민족국가 미국에서는 일찍부터 법률에 규정되어 있어 주마다 '법정통역사'(court interpreter)라는 자격제도가 있습니다. 일본에서도 최근 몇 년 동안 법정 통역의 필요성이 높아지고 있지만 아직 법률 제정까지는 이르지 못하고 있습니다. 보통은 순차통역이지만 동시통역으로 이루어지는 경우도 있습니다. 사상 최초의 동시통역이었던 뉘른베르크 재판이 그 좋은 예입니다. 법정 통역은 기밀유지와 중립성이라는 윤리 코드에 구속받는 매우 긴장도가 높은 일입니다. 언어적 측면에서는 일본어, 영어 이외에 중국어나, 태국어, 베트남어 등 아시아 언어 통역의 수요가 많습니다. 향후 중요성이 커질 것으로 예상되는 분야입니다.

7. 의료통역

의료통역이란 진찰, 검사, 조제 약국 등의 의료 현장에서 외국인 환자와 의료 종사자와의 커뮤니케이션을 성립시키는 통역입니다. 재외 외국인의 지역 거주를 서포트 하는 존재로 '커뮤니티 통역'으로 이해되는 경우도 있습니다. 외국인이 언어에 관한 이해력이 부족하면 자신의 증상을 전달하거나 의사의 설명을 제대로 이해할 수 없기 때문에 의료통역에서는 외국인 환자의 불안을 제거하고 적절한 의료서비스를 받을 수 있도록 도움을 주는 통역을 합니다.

특히 최근에 주목을 받고 있는 통역 분야로서 앞으로 더 많은 인재 육성이 시급히 요구되는 상황이기도 합니다. 의료통역에 대한 법 제도, 자격제도는 아직 갖추어져 있지 않으며 의료통역 규칙은 통역을 의뢰한 각 병원이나 자치단체, 관련 단체가 독자적인 관점에서 정하고 있는 것이 현실입니다. 다음의 전미 의료통역 협의회(NCIHC)가 정한 '전미 의료통역사 윤리 규정'의 주요 내용은 한국에서도 향후 의료통역 분야에서 참고가 될 것입니다.

비밀유지 의무
업무상 알게 된 모든 정보를 의료팀 이외의 사람에게 누설해서는 안 된다.

통역의 정확성
문화적인 것도 고려하면서 메시지를 정확히 통역하도록 노력해야 한다.

중립성
의료 제공자와 환자 사이에서 중립성을 유지해야 한다.

역할의 범위
전문직으로서 의료통역사의 역할 범위를 인식하고 지켜야 한다.

다문화 통역
한국 및 외국 문화에 대한 이해력을 높일 것

지식 향상과 기술 연구
보다 정확한 통역이 되도록 풍부한 지식과 높은 기술을 몸에 익힐 것

관계자에 대한 경의
의료 제공자, 환자의 의무와 권리를 이해하고 존중할 것

프로로서의 매너
업무상의 규칙을 지키고 누구도 차별하지 않는 태도로 통역을 제공할 것

> **변호, 옹호**
> 환자의 권리가 침해될 것 같은 상황에서 의료통역사가 지킬 필요가 있다고 판단되는 경우에 한해서 통역사의 개입을 허가한다.

8. 자원봉사 통역

자원봉사 통역은 최근 증가하고 있는 외국인의 한국 생활을 서포트 하는 통역입니다.

자원봉사 통역은 프로 통역사가 적고 자원봉사자가 많기 때문에 넓은 의미의 커뮤니티 통역의 한 분야라고도 할 수 있습니다. 한국에 사는 외국인의 대부분은 한국어 의사소통이 충분히 되지 않기 때문에 낯선 이국 땅에서 불편한 생활을 할 수밖에 없습니다. 이러한 한국에서 생활하는 외국인의 생활을 행정, 교육, 복지 면에서 서포트 하는 통역입니다.

거리에서 우연히 마주친 외국인이 의사소통 문제로 곤란해하고 있는 모습을 보고 도와주려고 하는 것에서부터 거주하고 있는 지역의 시청에 등록을 하러 외국인이 방문했을 때 수행 통역과 같은 역할을 하거나 간단한 스피치를 통역하는 것이 자원봉사 통역입니다. 또, 자택을 홈스테이 장소로 제공하면서 일상적인 통역을 자청하는 경우도 있습니다. 큰 이벤트가 있을 경우 그 힘은 절대적입니다. 1988년 서울 올림픽이나 2018년 평창동계올림픽 때도 이미 1~2년 전부터 많은 자원봉사자가 통역사로서 등록하여 자원봉사 통역을 하였습니다. 이들 자원봉사자의 활약이 없었다면 두 올림픽 성공은 불가능했을 것입니다.

제2부
실전편

I. 통역 트레이닝

I. 통역 트레이닝에서는 통역사가 되기 위해 필요한 학습법을 요약(Summary), 문장구역(Sight Translation), 순차통역 및 노트테이킹(Note-Taking), 쉐도잉(Shadowing)과 동시통역 이렇게 네 가지로 분류하여 설명합니다.
각 예문의 번역은 '번역 및 해답편'에 제시되어 있습니다.

1 요약(Summary)

요약(Summary) 연습을 하는 이유 중 하나는 '내용의 이해'입니다.

통역은 단순하게 화자의 언어(기점언어(SL; Source Language))를 청자의 언어(목표언어(TL; Target Language))로 직역하는 작업이 아닙니다. 올바른 통역이란 화자가 말하고 있는 내용을 통역사가 충분히 이해하고 그 내용을 적절한 목표언어(TL)로 바꾸는 것입니다. 따라서 원문에 대한 이해가 부족하면 요지에서 벗어난 통역이 되어버립니다.

그러므로 요약은 화자가 말하고자 하는 내용의 핵심을 파악하기 위해 반드시 필요한 연습이며, 발화 내용의 흐름을 파악할 수 있는 방법 중 하나입니다.

예문 1

　ある研究所が瞬(まばた)きをしたり眉間(みけん)にしわを寄せるなど、人間のように豊かな表情をするロボットを開発しました。その名は「アクトロイドーF」。

　同研究所の研究チームは、人とコミュニケーションがとれるロボットの研究を数年前から進めてきました。そしてついに、シリコンで作られた顔の皮膚を細かく動かして、豊かな表情を作り出すことに成功しました。

　瞬きをしたり眉間にしわを寄せるなどの表情は、パソコンで操作(そうさ)するようになっています。さらに、相手の表情や動きをカメラでとらえて同じように再現することもできます。

Key Word

| 人間 | 表情 | ロボット | アクトロイドーF | パソコン | カメラ

먼저 텍스트를 읽으면서 키워드가 되는 부분에 위와 같이 밑줄을 그어 봅니다. 밑줄을 그은 키워드를 반복해서 읽으며 기억합니다. 그리고 텍스트를 보지 않고 기점언어(SL)인 일본어로 내용을 요약해 봅시다.

연상할 수 있는 부분이 있다면 머릿속으로 그림을 그려도 좋습니다. 컴퓨터 조작을 통해 인간과 같이 눈을 깜빡이거나 미간을 찡그리는 로봇의 모습, 또는 인간의 표정과 움직임을 카메라로 찍어 그대로 재현하는 로봇의 모습을 상상해 봅니다.

요약은 말 그대로 전체 내용을 간략하게 간추리는 것입니다. 따라서 원문과 동일하게 재생할 필요는 없습니다. 키워드를 떠올리며 흐름을 만들면서 요약해 나갑니다. 기점언어(SL)로 요약하는 것이 익숙해지면 목표언어(TL(예문1의 경우에는 한국어))로 요약하는 연습도 해 봅시다.

다음은 예문1을 요약한 두 가지 예입니다. '요약 예1'처럼 먼저 간략하게 요약해 보고, 익숙해지면 조금 더 구체적으로 '요약 예2'와 같이 요약해 봅니다.

> **예문 1 요약 예 1**

수년 전부터 인간과 대화할 수 있는 로봇을 연구해 온 한 연구소가 마침내 인간처럼 풍부한 표정을 짓는 실리콘 소재의 '액트로이드F'라는 이름의 로봇을 개발하였습니다. 로봇의 표정은 컴퓨터로 조작할 수 있으며, 상대방의 표정이나 움직임을 카메라를 이용해 재현해낼 수도 있습니다.

> **예문 1 요약 예 2**

 한 연구소가 눈을 깜빡이거나 미간을 찡그리며 인간처럼 풍부한 표정을 짓는 '액트로이드F'라는 이름의 로봇을 개발하였습니다.
 연구팀은 수년 전부터 인간과 대화할 수 있는 로봇을 연구해왔고, 마침내 실리콘 재질의 피부를 이용해 인간과 같은 풍부한 표정을 짓게 하는 데 성공하였습니다.
 로봇의 표정은 컴퓨터로 조작할 수 있으며, 상대방의 표정이나 움직임을 카메라로 찍어 똑같이 재현해낼 수도 있습니다.

그룹 스터디나 수업 시간 중 요약 연습을 할 경우에는 우선 낭독 담당자를 정합니다. 나머지 학습자는 낭독해 주는 내용을 들으면서 키워드를 이용해 전체 내용을 기억합니다. 다 듣고 난 후 키워드를 연상해가며 전체 내용을 기점언어로 재생합니다. 앞에서 설명한 것과 같이 기점언어로의 재생이 익숙해지면 목표언어로의 재생에도 도전합니다.

이와 같은 방법으로 요약 연습을 반복하면 내용의 흐름이나 요지를 파악하는 능력, 기점언어와 목표언어의 표현력, 목표언어로의 요약 능력이 향상됩니다.

2 문장구역(Sight Translation)

문장구역이란 눈으로 읽으며 실제로 통역을 하 듯 역(譯)작업을 하는 것으로, Sight Translation을 줄여 ST라고 합니다. 국제회의 통역사로 일을 하다 보면 회의 시작 직전에 발화자의 원고를 받는 경우가 종종 있으며, 이럴 경우에는 현장에서 급하게 문장구역을 하게 됩니다.

문장구역은 특히 한일 통역에 있어서 순발력이나 표현력을 기를 수 있는 매우 효과적인 기초 훈련이므로, 본격적인 순차통역, 동시통역 연습에 들어가기 전에 반드시 필요한 과정입니다.

문장구역을 할 때는 중요한 어휘나 까다로운 표현에 표시를 하고 번역해 둡니다. 그리고 긴 문장의 경우 / 등의 기호를 사용해 문장을 끊어 두면 통역을 할 때 눈에 잘 띄어 도움이 됩니다.

예문 2

여러분, 안녕하십니까.
지금 소개받은 주최측 대표 △△△라고 합니다.
　　　ご紹介にあずかりました
　　　ご紹介いただきました
이른 아침부터 비가 내리는 굳은 날씨임에도 불구하고/
　　　　　　　　　　　　　お足元の悪い中
먼 길 와 주셔서 대단히 감사합니다.
遠いところからお越しいただき
ＯＯＯＯ회의는 1998년부터 한국과 일본에서 번갈아가며 열리고 있으며/
　　　　　　　　　　　　　　　　　持ち回りで開催しており
올해로 10회째를 맞이하였습니다.
이렇게 뜻 깊은 해에 주최측 대표를 맡게 되어 대단히 기쁘게 생각합니다.
　　　意義深い　　　　　　　　　　心よりお喜び申し上げます

| 　　　　　　　　　　　　　　　　　　　　嬉しく存じます
| 이번 회의가 여러분들께도 <u>유익한 회의가</u> 되기를 <u>바라 마지않습니다</u>.
| 　　　　　　　　　有意義な会議　　　　祈念申し上げます

　위와 같은 방법으로 일본어와 한국어 텍스트를 사용해 문장구역 연습을 반복합니다.

　문장구역을 할 때는 소리 내어 연습해 주세요. 통역은 눈(읽기), 귀(듣기), 입(말하기)을 동시에 사용하는 작업이므로 항상 자신이 통역하는 목소리를 귀로 확인하는 습관을 갖습니다.

3 순차통역 및 노트테이킹(Note-Taking)

　순차통역에 있어서 중요한 것은 1)화자의 발언 또는 출발 텍스트의 내용을 정확하게 이해하고 전체 흐름을 파악하는 것, 2)화자의 발언 또는 출발 텍스트의 내용을 잊지 않도록 간단하게 메모해 두고 이것을 보며 목표언어(TL)로 정확하게 통역하는 것입니다. 이 중 2)의 메모 작성을 노트테이킹(NT; Note-Taking)이라고 합니다.

　노트테이킹(NT)을 하는 방법은 백인백색이므로 정답이 없습니다. 알 수 없는 기호를 가득 쓰는 통역사가 있는가 하면 조사 하나 빠트리지 않고 원문을 베낀 듯 메모하는 통역사도 있습니다. 그러므로 자신만의 방법을 찾아 익숙해질 때까지 연습합니다.

　노트테이킹 방법보다 중요한 것은 어떠한 키워드들을 적어 두는지입니다. 머릿속의 기억들을 끄집어낼 수 있을 만큼의 키워드를 기록해 둡니다. 주요 키워드로는 '5W1H(언제, 어디서, 누가, 왜, 무엇을, 어떻게)'와 '그러나, 그리고, 그런데'와 같은 '접속사'를 들 수 있습니다. 작성해 놓은 노트테이킹을 보며 완벽하게 목표언어(TL)로 재생할 수 있다 하더라도 역접(그러나 등)이 순접(그래서 등)으로 바뀌거나 순접이 역접으로 바뀌면 오역이 되므로 주의합니다.

　여기서 중요한 것은 노트테이킹은 기억을 위한 보조 수단일 뿐이라는 점입니다. 노트테이킹에 집착한 나머지 원문의 흐름을 놓치는 경우가 많습니다. 나무가 아닌 숲을 보듯이 전체 내용을 이해해가며 노트테이킹을 합니다.

　그러면 실제로 통역사들이 어떻게 노트테이킹을 하는지 예를 들어가며, 몇 가지 중요한 요령을 설명하겠습니다.

1 문장 끝내기

노트테이킹을 할 때는 반드시 문장 또는 의미가 끝났음을 표시합니다. 예문 3의 노트테이킹 예를 보면 문장이 끝나는 부분에 비스듬하게 선이 그어져 있습니다. 문장을 제 때 끝내지 못하고 늘어지는 것을 막기 위해 이와 같이 나름대로 표시를 해 둡니다.

예문 3

2018年4月27日、韓国の文在寅大統領と北朝鮮の金正恩委員長は板門店で首脳会談を行いました。

(朝日新聞 2020일 6월 17일)

예문 3의 노트테이킹 예

いつ → 2018年4月27日

だれが → 韓国の文在寅大統領と北朝鮮の金正恩委員長

どこで → 板門店

どうした → 首脳会談を行った。

② 삼각형 노트테이킹

노트테이킹을 할 때는 옆으로 길게 적어 나가는 것 보다 삼각형 모양을 그리듯 아래로 적어 내려가면한 눈에 파악할 수 있으므로 내용을 정리하기 쉽습니다. 주어는 삼각형의 좌측 상단에, 술어는 우측 하단에 적을 수 있도록 유의해 가며 메모해 봅시다. 노트테이킹의 주어와 술어가 한눈에 들어오게 되면 훨씬 노련하게 목표언어(TL)로 역(訳)작업을 할 수 있게 됩니다.

그러면 다음 예문4를 이용해 노트테이킹 연습을 해 봅시다.

예문 4

政府は2050年の温室効果ガス排出を実質ゼロにする目標を掲げています。また、政府は実現に向け、太陽光発電の用地確保など様々な対策を検討しています。

(朝日新聞 2021년 5월 31일)

앞에서 설명했듯 삼각형을 그리듯 노트테이킹을 합니다. 그리고 자신이 작성한 노트테이킹을 보며 먼저 기점언어인 일본어로 재생을 하고, 익숙해지면 목표언어인 한국어로도 재생해 봅니다. 이때 접속사를 잘 살려 자연스러운 흐름을 만들어 봅시다.

예문 4의 노트테이킹 예

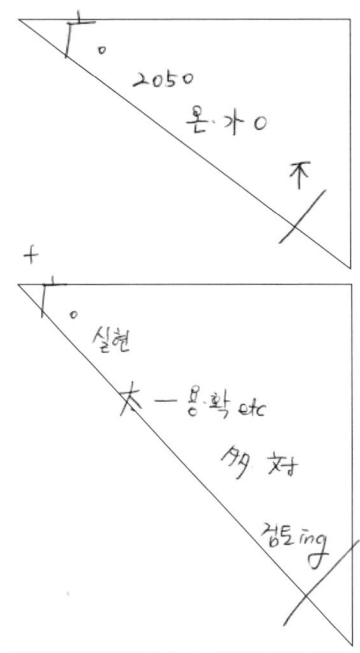

どこが → 政府は

何を → 2050年の温室効果ガス排出を実質ゼロにする目標を

どうした → 掲げている

どこが → 政府は

何のため → 実現に向け

何を → 太陽光発電の用地確保など様々な対策を

どうした → 検討している。

3 수식어와 술어 시제 표시하기

이번 노트테이킹의 포인트는 '수식어'과 '술어의 시제'입니다.

예문 5

<u>再生医療や遺伝子治療などの今後の研究開発のあり方について話し合う</u>国の協議会が28日、中間報告の案をとりまとめました。協議会は中間報告の案の中で、<u>臨床の課題を基礎研究につなげるしくみ作りや研究の基盤となる人材の育成強化などの</u>検討課題を示しました。

(NHK 2021년 5월 29일)

첫번째 문장의 주어인 国の協議会와 두번째 문장의 목적어 検討課題를 수식하는 부분이 각각 再生医療や遺伝子治療などの今後の研究開発のあり方について話し合う와 臨床の課題を基礎研究につなげるしくみ作りや研究の基盤となる人材の育成強化などの로 매우 깁니다. 따라서 国の協議会와 検討課題를 수식하는 부분을 한 눈에 알아볼 수 있도록 표시해 두는 것이 좋습니다.

또한 술어가 미래형인지 현재 진행형인지, 혹은 과거형인지 알 수 있도록 반드시 시제를 기록합니다. 그렇지 않으면 '28日、中間報告の案をとりまとめる(28일 중간보고안을 마련할 것이다)'인지 '28日、中間報告の案をとりまとめた(28일 중간보고안을 마련했다)'인지 헷갈려 오역의 소지를 남기게 됩니다.

그리고 노트테이킹을 할 때 필요한 팁을 한가지 더 설명하자면, 協議会나 中間報告の案과 같이 동일한 단어가 바로 뒤에 또다시 나올 경우, 반복해서 메모하기보다는 '예문5의 노트테이킹 예' 처럼 화살표를 이용하

는 등 중복해서 메모하지 않는 것도 시간 절약과 내용 이해를 위해 좋은 방법입니다.

예문 5의 노트테이킹 예

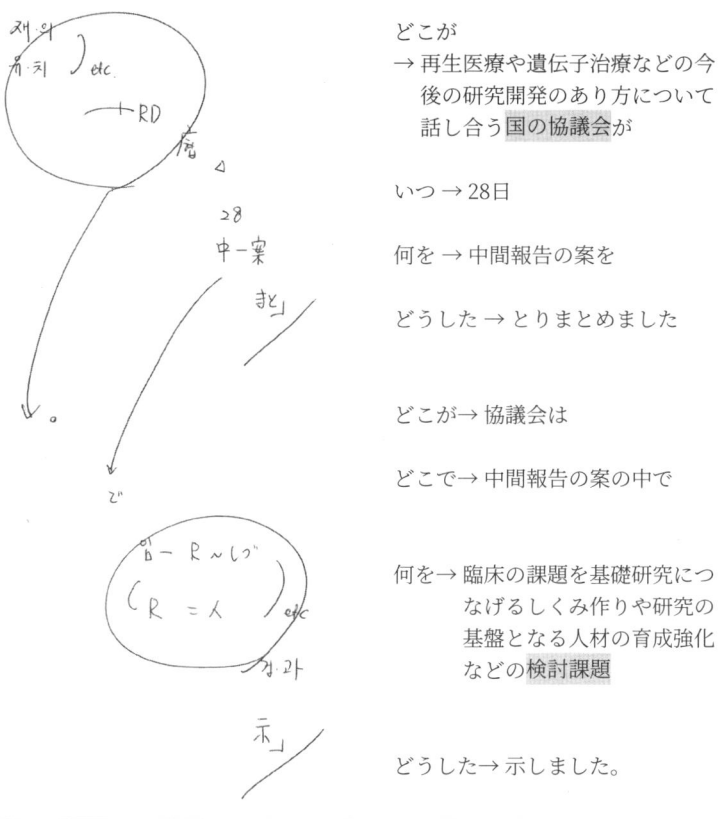

どこが
→ 再生医療や遺伝子治療などの今後の研究開発のあり方について話し合う国の協議会が

いつ → 28日

何を → 中間報告の案を

どうした → とりまとめました

どこが → 協議会は

どこで → 中間報告の案の中で

何を → 臨床の課題を基礎研究につなげるしくみ作りや研究の基盤となる人材の育成強化などの検討課題

どうした → 示しました。

위 설명의 포인트를 기억하면서 노트테이킹을 해 보고 목표언어(한국어)로 재생해 봅시다.

1) 문장 끝내기, 2) 삼각형 노트테이킹, 3) 수식어와 술어 시제 표시하기의 '노트테이킹 예'를 보면 알파벳이나 한자, 기호, 약자 등이 혼용된 것을 볼 수 있습니다. 통역사는 연사가 발언하는 모든 내용을 옮겨 적을 수 없기 때문에 그 내용을 연상할 수 있는 단어를 적어 두는데, '노트테이킹 예'는 말 그대로 하나의 예일 뿐이므로 각자 자신에게 맞는 방법을 찾아봅니다.

  다음은 노트테이킹을 할 때 사용하는 기호의 예입니다.

정치 P	미국 A	사람 人	대립, 결렬 ←→
경제 E	한국 K	상승 ↑	합의, 접근 →←
연구 R	유럽 EU	하강 ↓	확산, 개방 <
개발 D	국가,정부 □	유지 →	모아지다, 폐쇄 >
글로벌 G	기업 △	내포 ⊃	말하다, 발표 ○<

이외 자신에게 맞는 기호를 만들어 두면 노트테이킹을 할 때 편리합니다.

4 쉐도잉(Shadowing)과 동시통역

국제회의에 참석해 "참, 지금 통역사가 부스에서 동시통역을 하고 있지. 너무 빨리 말하면 통역하기 어려울 테니 천천히 말해야지"라고 생각하며 발표하는 연사가 과연 몇명이나 될까요. 실제 동시통역을 하다 보면 연사의 말이 너무 빨라 통역사의 발음이 꼬이는 곤혹스러운 경우가 간혹 있습니다.

이러한 경우에 대비해 쉐도잉(Shadowing)이라는 연습을 합니다. '그림자'라는 뜻의 쉐도잉은 억양과 발음의 정확성을 향상시키기 위한 훈련입니다. 다양한 매체의 여러 기능(속도 조절 기능 등)을 이용해 본인의 학습 정도에 맞춰 쉐도잉 연습을 합니다.

그렇다면 순차통역과 동시통역의 차이는 무엇일까요?

1부 이론편에서도 설명했지만, 순차통역의 경우 통역사는 연사가 발언하는 동안 노트테이킹을 하고, 연사의 발언이 끝나면 기록해 둔 노트테이킹을 보며 목표언어(TL)로 통역합니다. 그러므로 순차통역은 노트테이킹을 하면서 머릿속으로 정리할 시간적 여유가 있습니다.

그러나 동시통역의 경우 연사가 발언을 하면 한 두 문장 정도의 시차를 두고 연사의 말을 따라가야 하므로 거의 동시에 통역이 이루어집니다. 따라서 순차통역과 같이 머릿속으로 정리할 여유가 없습니다.

또한 발화자가 아무리 달변가라 할지라도 원고를 그대로 읽어 내려가는 것이 아니므로 중언부언하거나 두서없이 길어지는 경우가 종종 있습니다. 이럴 때 통역사는 연사가 무엇을 전달하고자 하는지, 앞으로 어떤 내용이

나올지 예측하며 통역해야 합니다.

앞에서 동시통역은 통역사가 '머리 속으로 정리할 여유가 없다'고 했지만, 그럼에도 불구하고 '거의 동시'에 내용을 판단하고 예측해야 합니다.

다시 말해 동시통역 연습을 할 때 유념해야 할 점은 '순간적 판단'과 '예측'입니다.

이 두 가지 포인트를 기억하며 동시통역에 도전해 봅시다.

아래의 텍스트는 일본어를 한국어로 통역하는 예입니다.

국제회의의 경우 통역사가 아무런 사전 지식 없이 회의에 들어가는 경우는 거의 없습니다. 일반적으로 회의의 대략적인 내용을 파악하고 연사가 발표할 간단한 원고를 미리 받습니다. 따라서 이 교재에서도 몇 가지 키워드와 '예문 6. 연사에게 받은 원고', '예문 7. 연사가 현장에서 강의한 내용'을 제시하겠습니다.

먼저 낭독 담당자를 정하고, 담당자는 '예문7 연사가 현장에서 강의한 내용'을 자연스럽게 낭독할 수 있도록 연습합니다.

나머지 학습자는 Key Word를 소리 내어 읽어 봅니다. 기점언어(SL)인 일본어 키워드를 목표언어(TL)인 한국어로도 익혀 두고 이 키워드가 나왔을 때 놓치지 않도록 합니다. 키워드를 기억했으면, '예문 6. 연사에게 받은 원고' 역시 소리 내어 읽어 보고 목표언어로 문장구역(ST)을 하며 동시통역해야 할 텍스트가 트랜스지방산이나 건강과 관련된 내용이라는 것을 되뇌어 봅니다.

> **예문 6. 연사에게 받은 원고**

　トランス脂肪酸について。
　トランス脂肪酸、これはいったい何。
　マーガリンやお菓子を作る時に使う「ショートニング」という油に含まれている脂肪分。これを取りすぎると心筋梗塞や動脈硬化になるリスクが高い。
　したがって、政府は国民の健康を考え、食品事業者にトランス脂肪酸の割合を表示するように求める方針。

Key Word

| トランス脂肪酸(しぼうさん)　트랜스지방산　|　心筋梗塞(しんきんこうそく)　심근경색
| ショートニング　쇼트닝　|　動脈硬化(どうみゃくこうか)　동맥경화

Key Word와 '예문6. 연사에게 받은 원고'의 확인이 끝났으면, 낭독자가 읽어주는 '예문7 연사가 현장에서 강의한 내용'을 들으며 동시통역을 합니다. 이때 학습자는 '예문 6. 연사에게 받은 원고' 만 보고 동시통역을 해 봅시다.

　동시통역을 해 보셨나요? '예문 6. 연사에게 받은 원고'와 실제 발언 내용이 조금 달라 당황하지는 않았나요?

　'예문 6. 연사에게 받은 원고'는 연사가 간략하게 정리한 원고입니다. 반면 여러분들이 들은 '예문7 연사가 현장에서 강의한 내용'은 실제 현장에서의 상황을 가정한 원고이므로 말투도 정중하고 원고에 없던 내용이 추가되기도 했습니다.

　위 요령대로라면 これはいったい何でしょうか라고 들었을 때 "트랜스지방산에 대해 설명하겠구나"라고 '예측'할 것입니다. 그런데 예상과 달리,

그리고 연사에게 받은 원고와 달리 ところで皆さんはお菓子とかパンとかをよく召し上がりますか라며 전혀 다른 내용이 나왔습니다. 통역사는 이럴 때 당황하지 않고 '트랜스지방산과 과자나 빵이 어떠한 관계가 있구나'라고 직감하고 '순간적 판단'을 해야 합니다.

연사들은 종종 원고에 없는 내용을 추가하며, 때로는 뜬금없는 에피소드로 좌중의 웃음을 자아내기도 합니다. 그렇지만 통역사는 그 어떤 경우라도 당황하지 않고 예측과 순간적 판단을 반복할 수 있도록 훈련해 두어야 합니다.

'예문 7'은 연사가 실제 발언한 내용입니다. (　) 안은 '예문 6'과 말투가 달라지거나 원고에 없던 내용으로 통역사를 당황하게 만든 부분입니다.

예문 7. 연사가 현장에서 강의한 내용

(**今日は先週に続き**)トランス脂肪酸について(**お話いたします**)。

(**最近**) トランス脂肪酸 (**という言葉をよく耳にしますが**) これはいったい何 (**でしょうか**)。

(**ところで皆さんはお菓子とかパンとかをよく召し上がりますか。はい、そうなんです。**)

(**トランス脂肪酸**は) マーガリンやお菓子を作る時に使う「ショートニング」という油に含まれている脂肪分ですが、これを取りすぎると心筋梗塞や動脈硬化になるリスクが高い(**と言われているんですね**)。

(**ですから**) 政府は国民の健康を考え、食品事業者にトランス脂肪酸の割合を表示するように求める方針(**を固めているわけです**)。

II 통역 스킬 키우기(1)

II. 통역 스킬 키우기(1)는 〈I. 통역 트레이닝〉을 바탕으로 기초적인 순차통역 연습을 할 수 있도록 구성하였습니다. 특히 이제 막 통역 훈련을 시작한 학습자가 역(訳)작업을 용이하게 할 수 있도록 1) カタカナ語로 바꾸기, 2) 어순 바꾸기와 생략, 3) 심리상태 표현, 4) 생활용어 숙지로 나누어 간단한 팁을 제시해 두었습니다.
II. 통역 스킬 키우기에서 낭독자는 한두 문장 또는 두세 문장씩 끊어 읽어주고, 나머지 학습자는 노트테이킹과 재생 연습을 합니다. 번역 및 해답은 '번역 및 해답편'에 제시되어 있습니다.

그러면 연습에 들어가기 전 다음 주의 사항을 잘 읽어 봅시다.

*주의 사항

① 텍스트는 마지막에 확인

노트테이킹이 처음이라면 텍스트를 먼저 읽어 본 후 시작해도 좋습니다. 그렇지만 가능하면 텍스트를 먼저 보지 말고 아래 순서대로 연습해 주세요.

② 텍스트 낭독

낭독 담당을 정해 해당 낭독자가 텍스트를 낭독합니다. 나머지 학습자는 낭독을 들으며 노트테이킹을 합니다.
문장마다 「/」표시를 해 두었으므로 「/」표시가 되어 있는 곳에서 끊어 읽으면 됩니다. 짧은 길이의 노트테이킹에 익숙해지면 좀 더 길게 「//」표시된 부분에서 끊어 읽어줍니다.

③ 제시 단어와 문제 확인

낭독자가 텍스트를 읽어 주기 전에 Key word에 제시되어 있는 단어를 확인합니다. 제시된 Key word를 정확하게 외우고, 낭독을 들을 때 해당 단어를 놓치지 않도록 합니다.
'생각해봅시다'에 제시된 문제도 미리 읽어보고, 답이 될 부분에 특히 주의해가며 노트테이킹 합니다.

④ 노트테이킹
Ⅱ통역 스킬 키우기(1)에서는 노트테이킹 하는 방법과 자신이 노트테이킹 한 것을 보며 재생하는 방법을 익히는 단계입니다. Ⅰ. 통역 트레이닝의 '3. 순차통역 및 노트테이킹(Note-Taking)'에서 설명한 1)문장 끝내기, 2)삼각형 노트테이킹, 3)수식어와 술어 시제 표시하기를 떠올리며 노트테이킹 해 봅니다.

⑤ 재생하기
자신이 노트테이킹 한 것을 보며 기점언어(SL) 또는 목표언어(TL)로 재생해 봅니다.

⑥ 문제 풀기
노트테이킹 한 것을 보며 문제를 풉니다. 문제는 각 텍스트 별로 한 문제씩 제시되어 있습니다.
일본어 텍스트의 경우 문제는 한국어로 제시되며, 답도 한국어로 작성합니다. 반대로 한국어 텍스트의 경우 일본어로 문제가 제시되며, 답도 일본어로 작성합니다.

⑦ 텍스트와 해설 확인
③에서 ⑥까지 끝나면 텍스트와 해답을 확인합니다. 해답은 '번역 및 해답 편'에 수록되어 있습니다.

위 주의 사항을 숙지한 후 〈1)カタカナ語로 바꾸기〉부터 시작해 봅시다.

1　カタカナ語

　　일본어를 처음 접할 때 외래어 표기 때문에 어려움을 느낀 학습자들이 많을 것입니다. 예를 들어 한국에서는 'McDonalds'를 '맥도널드'라고 원어에 가깝게 표기하지만, 일본에서는 'マクドナルド'로 표기하여 한국인에게는 다소 어색하게 들릴 수 있습니다. 그렇지만 정확한 일본어를 구사하기 위해서는 알아 두어야 하는 부분이므로, 일본에서는 외래어를 어떻게 표기하는지 한국어와 비교해 봅시다.

　　또 일본에서는 딱딱한 한자어 대신 외래어나 일본식 영어(和製英語)를 이용해 カタカナ語로 표현하는 경우가 많습니다. 그러므로 カタカナ語를 적절하게 사용하여 다양한 표현을 구사할 수 있어야 합니다.

　　위 설명에 유의하며 이번 텍스트에서는 외래어나 한자어를 적절한 カタカナ語로 바꾸는 시도를 해 봅시다.

문제 1

　　올해의 포럼 주제는 '지속가능한 창의성'입니다. /그런데 포럼 주제를 이와 같이 정한 이유는 무엇일까요.//
　　현대사회는 한 명의 창의적 인재가 수천 만 명을 지원하는 창의산업 시대라고 합니다./ 하지만 이 한 명의 창의적 인재는 실은 많은 창의적 동료들이 있었기에 나올 수 있다고 생각합니다./ 창의성은 동료와 사회에 대한 헌신의 마음이 있을 때 완성되는 것이 아닐까요.//
　　그래서 우리는 "스티브 잡스의 창의적 기업가 정신과 테레사 수녀의 헌신적 봉사 정신의 결합이 필요하다"는 말에 공감합니다./ 지속가능한 창의성은 '성공을 의미하는 창의적인 활동'과 '더불어 사는 기쁨'이 전제되어야 합니다.//

> 생각해봅시다!

「私たち」が共感している言葉は何ですか。日本語で書きなさい。

Key word

持続可能(じぞくかのう)、サステイナブル　지속가능　｜　創意性(そういせい)、クリエイティブ　창의성
スティーブ・ジョブズ　스티브 잡스　｜　マザーテレサ　테레사 수녀

해설

➲ 자연스러운 일본어, 자연스러운 カタカナ語로 바꾸기!

　　한국어는 우리가 생각하는 것 이상으로 한자어를 많이 사용합니다. 그런데 이러한 한자어 표현을 일본어로 그대로 통역하면 매우 딱딱한 문장이 될 수 있습니다. 반면 일본어는 한국어에 비해 일상적인 표현에서도 외래어나 和製英語라 불리는 일본식 영어를 많이 사용합니다. 그러므로 통역사는 현장 분위기에 맞게 한자어와 カタカナ語를 적절히 사용할 수 있는 센스를 갖추어야 합니다.

　　예를 들어 '공격적인 금융정책', '웃는 얼굴이 매력적인 그녀'를 '攻撃的な金融政策', '笑顔が魅力的な彼女'로 통역할 수도 있지만 'アグレッシブな金融政策', '笑顔がチャーミングな彼女'처럼 カタカナ語를 사용해 문장이 주는 느낌에 변화를 줄 수 있습니다. 또 '이 기회를 반드시 잡아야 합니다'와 같은 문장을 경우에 따라 'この機会を必ず握るべきです'가 아닌 'このチャンスを必ずゲットしてほしいです'처럼 바꿀 수도 있습니다.

　　그러면 위 설명대로 이번 텍스트에 나온 '지속가능한 창의성'을 '持続可能な創意性'가 아닌 'サステイナブルなクリエイティブ活動'나 'サステ

イナブルな創意性'로 바꿔보면 어떨까요.

또한 스티브 잡스(スティーブ・ジョブズ)나 테레사 수녀(マザーテレサ)와 같은 저명인사들의 인명을 일본에서는 어떻게 표기하는지 확인해 둘 필요도 있습니다.

반드시 한자어를 カタカナ語로 고칠 필요는 없지만 통역사는 다양한 표현을 알아 두는 것이 중요합니다.

2 어순 바꾸기와 생략

　회의 통역을 주로 하다 보면 어투가 매우 딱딱해지고 한 글자도 빠트리지 않고 통역을 해야한다는 강박에 사로잡히기도 합니다. 하지만 원문에서 크게 벗어나지 않는 선에서 어순을 바꾸거나 생략을 하며 과감하게 통역을 해 청자로 하여금 듣기 편한 통역에 주안점을 두어야 할 때도 있습니다.

　예를 들어, 클라이언트를 태운 차량 안에서 가이드가 하는 말을 통역해야 할 경우 한 글자도 빠지지 않고 열심히 직역을 하기보다, 원문에 너무 집착하지 않고 과감하게 통역을 하는 것도 나쁘지 않습니다.

　이번 텍스트에서는 매끄러운 일본어, 자연스러운 억양에 중점을 두며 통역해 봅시다.

문제 2

여러분, 수고 많으셨습니다./
오늘 하루 어떠셨나요?/
즐거운 시간 되셨는지 모르겠네요.//
그러면 ①지금부터 버스가 호텔에 도착할 때까지 제가 준비한 곡들과 함께 편안한 시간 되시기를 바랍니다. /
즐거운 여정되십시오./
여러분, 안녕히 가세요.//

생각해봅시다

バスがホテルに着くまで何をするように勧めていますか。
日本語で書きなさい。

Key word

| 用意(ようい)する 준비하다 | 楽しい旅 즐거운 여정

해설

➲ 표현·어순 바꾸기!
➲ 과감하게 버리기!

앞에서 언급한 것과 같이 이번 텍스트는 이동 중인 차량 안에서 들을 수 있는 안내 멘트입니다.

정중하면서도 딱딱한 통역사 특유의 말투를 고집하지 않고, 과감하게 생략하면서 자연스러운 일본어로 통역할 수 있는 유연함을 가집시다.

예를 들어 ①의 경우 '今からバスがホテルに着くまで、私が準備した曲と共にいい時間になることを願います'라고 직역을 하면 어색한 일본어가 됩니다. 그러므로 '제가 준비한 곡들', '편안한 시간 되시기를 바랍니다'를 그대로 직역하지 않고 '표현·어순 바꾸기' 그리고 '과감하게 버리기'를 해 봅시다.

'제가 준비한 곡들'은 '音楽をご用意してみましたので'로 표현을 바꾸고, '편안한 시간 되시기를'은 'リラックスできるような音楽'처럼 '곡(음악)'을 수식할 수 있게 어순을 바꿉니다. 마지막으로 '바랍니다'는 'どうぞお聞きください'처럼 원래 표현을 버리고 자연스러운 일본어로 바꿔줍니다.

통역 연습의 기초 단계에서는 처음부터 자연스러운 일본어로 바꾸려면 어렵게 느껴질 수 있으므로 여러 번에 걸쳐 다듬어 봅시다.

3 심리상태 표현

통역사가 되기 위해서는 '경제나 정치, 사회문제에 관한 배경지식을 충분히 습득하지 않으면 안 된다, 회의 석상에서 사용하는 딱딱하고 격식 있는 표현을 익히지 않으면 안 된다'라고만 생각하기 쉽지만, 때에 따라 섬세한 감정을 통역해야 할 경우도 있습니다. 그 일례가 이번 텍스트와 같은 심리상담입니다. 비단 심리상담뿐 아니라 감정 표현은 언제 어떤 자리에서나 충분히 사용될 수 있는 표현이기 때문에 적절하게 전달할 수 있도록 숙지해 둡니다.

문제 3

저희 아이는 지금 초등학교 4학년입니다./
유치원 때는 친구들을 배려하는 아이였는데, 초등학교에 입학하면서 자신감이 없어지고 겁쟁이가 되었습니다./ 그래서인지 친구들과 잘 사귀지 못 해요.//
제가 아무리 많은 애정표현을 해 주어도 조금만 마음에 안 들면 금세 기분이 상하고 응석도 자주 부립니다./
그리고 처음 접하는 것에 대한 불안함이 있는 것 같아요./ 학년이 올라가거나 학원을 바꾸면 매우 힘들어 합니다.//
전 성격이 차분한 편인데 그럼에도 불구하고 아이의 성격을 다 받아주기가 어렵네요./
어떻게 하면 될까요?//

생각해 봅시다

この子どもの性格は小学校に入った後、どのように変わりましたか。
日本語で書きなさい。

Key word

友達思いの子　친구들을 배려하는 아이　|　臆病(おくびょう)だ　겁이 많다

気に入らない、気に食(く)わない　마음에 안 들다　|　気を悪くする　기분이 상하다

ダダをこねる、甘える　응석을 부리다　|　おっとりしている　차분하다

해설

⊃ 성격 또는 심리상태 표현 알기!

성격, 심리상태를 나타내는 표현에 대해 조금 더 알아볼까요.

陽気(ようき)　쾌활　|　内省的(ないせいてき)　내성적　|　積極的(せっきょくてき)、前向(まえむ)き　적극적
消極的(しょうきょくてき)、後(うし)ろ向(む)き　소극적　|　性格(せいかく)が明るい　성격이 밝다
性格が暗い　성격이 어둡다　|　ポジティブな性格　긍정적인 성격
ネガティブな性格　부정적인 성격　|　ナイーブだ　천진난만하다, 순진하다
おてんば、じゃじゃ馬娘(うまむすめ)　말괄량이
わんぱく(坊主(ぼうず))、やんちゃ(坊主)　장난꾸러기, 개구쟁이

4 생활용어 숙지

스킨, 로션은 일본어로 뭐라고 할까요?

외래어이므로 발음 그대로 スキン, ローション처럼 カタカナ語를 사용할 것 같지만, 주로 사용되는 표현은 化粧水、乳液입니다. 이과 같이 일상 속에서 무심코 사용하는 단어들이지만 알아 두어야 할 생활 용어들이 많이 있습니다.

이번 텍스트에서는 '화장품 구매' 통역이라는 상황을 제시하였습니다.

문제 4

피부가 건조한 편이라 촉촉하고 보습력이 뛰어난 스킨과 로션을 찾고 있어요./
그리고 칙칙한 피부의 안색을 맑게 해주고 탄력 있는 피부를 유지해 주는 화장품도 좀 보여주세요.//
평소 스트레스를 많이 받고 수면 부족이라 주말에 몰아서 자곤 하는데요, 피부가 더 안 좋아지는 느낌이에요.//

생각해봅시다

この顧客はどのようなタイプの化粧水と乳液を探していますか。日本語で書きなさい。

Key word

乾燥肌(かんそうはだ) 건조한 피부 | 潤(うるお)う 촉촉하다 | くすんでいる 칙칙하다
つやがある、顔色(かおいろ)がいい 안색이 맑다 | ハリのある肌(はだ) 탄력 있는 피부
寝(ね)だめをする 몰아서 자다

> **해설**
>
> ⮕ '피부가 안 좋아요.'는 어떻게 통역할까요?

　통역사는 때에 따라 의뢰인의 요구에 맞춰 쇼핑을 함께 하거나 회의장 주변을 안내해야 할 경우도 있습니다.

　위 텍스트와 같이 화장품을 구매할 때는 피부 상태나 화장품 명칭 등을 설명하게 됩니다. 하지만 전문용어만 신경 쓰다 보면 생활 용어가 잘 떠오르지 않습니다. 따라서 일상 생활에서 자주 사용하는 용어나 관련 표현을 충분히 숙지해 두어야 합니다.

　아래는 위 Key Word 이외 피부 상태를 설명하는 표현들입니다.

モイスチャー(リッチ)　촉촉함, 수분이 많음　｜　くすみ　거무칙칙함
くま　다크서클　｜　吹き出物　뾰루지　｜　にきび　여드름
しみ　검버섯　｜　そばかす　주근깨　｜　小じわ　잔주름
肌を引き締める　피부를 탄력 있게 하다
モイスチャーミルク、保湿乳液　수분로션

III. 통역 스킬 키우기(2)

II통역 스킬 키우기(1)에서는 순차통역 훈련을 이제 막 시작한 학습자가 역(譯)작업을 용이하게 할 수 있는 팁을 몇가지로 나누어 제시해 두었다면, III통역 스킬 키우기(2)에서는 1) 짧고 쉬운 문장 통역하기를 통해 간단하고 평이한 문장의 통역을 해 볼 수 있도록 하고, 2) 시사 상식 늘리기를 통해 배경 지식이 필요한 텍스트를 다루며, 3) 사전 조사하기를 통해 실제 통역에 임하기 전 어떤 조사가 필요한지 학습해 볼 수 있습니다. 마지막으로 4) 현장 자료 이용하기를 통해 실제 현장에서 사용될 법한 텍스트를 이용해 현장감을 느끼며 통역해 볼 수 있도록 구성하였습니다.
II통역 스킬 키우기(1)에서 설명한 주의 사항에 따라 노트테이킹 연습을 해 봅시다.

1 짧고 쉬운 문장 통역하기 -자기소개 통역을 통해

외국어를 잘 하는 분이라면 짤막한 스피치나 자기소개와 같은 간단한 통역은 한두 번쯤 해보았을 것입니다. 그러므로 먼저 여러분들에게 익숙한 자기소개문을 이용해 순차통역 연습을 해 보겠습니다.

문제 5

私は高校3年生です。/東京都内にある私立高校に通っています。/私が生まれたのは福岡です。/小学校の時、父の転勤で東京に移り住みました。/父は転勤族なので私が中学に入学した以降は単身赴任しています。//

大学に入ったら一人暮らしがしたいです。/それで今アルバイトをしてお金を貯めています。//

私には姉が一人います。/姉とは13歳も離れています。/彼女は去年司法試験に合格し、弁護士事務所で働いています。//

専門職に就いている姉がとてもカッコいいと思います。/それで私も専門職に就きたいと思います。/

将来は同時通訳者になりたいです。/そのためには通訳を専門的に勉強できる学校に入らなければなりません。/今から一生懸命勉強して必ず国際会議通訳者になります。//

생각해봅시다

'나'는 아버지에 대해 어떻게 설명하고 있습니까? 한국어로 서술하세요.

Key word

転勤族(てんきんぞく)　전근족 (회사나 관공서에서 근무하며 전국 각지의 지사로 근무지가 이동하는 사람에 대한 속어적 표현으로 이들의 가족을 포함해 일컫는 경우도 많음)

単身赴任(たんしんふにん)　단신 부임 (직장인이 전근 갈 때 가족은 이동하지 않고 남편 혼자 지방근무지로 부임해 가는 것)

一人暮(ひとりぐ)らし　혼자 삶, 독신 생활, 자취 | 司法試験(しほうしけん)　사법시험

弁護士(べんごし)　변호사

> **해설**
> ⊃ 쉽게 설명하기!

통역을 하다 보면 아무리 쉽고 평이한 문장일지라도 통역사를 당황하게 하는 어휘나 표현들이 나오기 마련입니다. 예를 들어 이번 텍스트에 나온 転勤族(てんきんぞく)나 単身赴任(たんしんふにん)과 같은 단어는 전형적인 일본식 표현입니다. 물론 전근족, 단신 부임이라 통역해도 뜻이 통하지 않는 것은 아니지만, 보다 친절한 통역사가 되기 위해서는 청자의 이해를 돕기 위해 '전근이 잦다', '타지에서 근무하고 있기 때문에 가족과 떨어져 혼자 생활하고 있다'와 같이 쉽게 풀어서 설명해 주는 것이 좋습니다.

2 시사 상식 늘리기 –뉴스 기사를 통해

통역사들끼리 종종 '広く浅く'라는 말을 하곤 합니다. 통역사는 다양한 분야의 통역을 하지만 전문가가 될 수는 없습니다. 따라서 많은 분야에 대해 '넓게 얕게'라도 알아 두어야 한다는 말입니다. 그러기 위해서는 매일 뉴스를 확인하며 시사 상식을 쌓고, 사고의 폭을 넓혀 둘 필요가 있습니다.

2) 시사 상식 늘리기에서는 하나의 예로 뉴스 기사를 통역해 보겠습니다.

문제 6

先日、東京都世田谷区で32歳の一人暮らしの男性が自分のアパートで数ヶ月前に孤独死していたことがわかりました。/
このような若い世代に広がる孤独死から「無縁社会」という言葉が話題になっています。/ 家族やふるさと、会社とのつながりが急速に途切れていく社会、こうした社会を「無縁社会」といいます。//
無縁社会の背景には、不況で不安定な社会の中、なかなか結婚に踏み切れなかったり、逆に独身生活を楽しもうと結婚しなかったりする若者が増えていることが要因として考えられます。/
理由はともあれ、社会の絆が希薄になり「無縁社会」問題が深刻さを増しています。/
今回の孤独死はこの問題の深刻さを改めて考えさせられました。//

생각해봅시다

'무연고 사회'란 무엇입니까? 한국어로 서술하세요.

Key word

孤独死 고독사 | 無縁社会 무연고 사회 | 結婚に踏み切る 결혼을 결심하다
希薄 희박 | ともあれ 어찌되었든, 여하튼

> **해설**
> ⊃ 사회 문제에 관심 갖기!
> ⊃ 평정심 유지하기!

프리랜서 통역사의 경우 규모가 큰 국제회의라면 수개월 전부터 스케줄이 확정되지만, 그 외 소규모 회의의 경우에는 몇 주 전 또는 며칠 전에 갑자기 결정되는 경우도 많기 때문에 연간 계획을 세울 수 없고, 언제 어떤 주제를 통역해야 할 지 예측하기 어렵습니다.

Inhouse 통역사(상근 통역사)도 예외는 아닙니다. '상근 통역사'인 만큼 프리랜서 통역사보다 회의 내용을 숙지하고 있지만, 그와 무관한 시사 문제가 화제에 오를 경우 이 또한 자연스럽게 통역할 수 있어야 합니다.

이처럼 통역사는 직업의 특성상 항상 다양한 이슈에 관심을 가져야 합니다.

無縁社会는 그 좋은 예가 될 것입니다. 無縁社会란 혼자 사는 사람들이 늘어나면서 사람과 사람의 관계가 희박해지는 일본 사회의 단면을 보여주는 단어로, 일본 NHK 방송국이 수년 전 제작·방송한 TV프로그램에서 만든 조어입니다. 프로그램 방송 후 큰 반향을 일으키며 트위터에 댓글이 쇄도했다고 합니다.

이처럼 회자되고 있는 사회문제나 그와 관련된 신조어를 파악해 두면 통역 현장에서 그 날의 주제와 상관없는 사회문제가 뜬금없이 언급되어도 차분하게 대처할 수 있습니다.

하지만 통역사가 모든 시사문제에 능통할 수는 없습니다. 만약 내가 모르는 내용이 언급되더라도 당황하지 않고 평정심을 유지할 수 있도록 노력해야 합니다. 통역사가 평정심을 잃으면 정확한 통역을 할 수 없게 되므로 당황스럽더라도 차분하게 통역할 수 있도록 합시다.

3 사전 조사하기 – 인터뷰 통역을 통해

통역사가 통역 의뢰를 받고 가장 먼저 해야 할 일은 사전 조사입니다. 정확한 통역을 위해서는 철저한 사전 조사보다 좋은 것은 없습니다. 그러나 한정된 시간 안에 어떻게 하면 '요령 있게' 시간을 절약하며 조사할 수 있을까요.

다음은 일본인 소설가의 인터뷰 상황을 가정해 본 것입니다. 기자가 한국어로 질문을 하면 통역사가 일본어로 통역을 합니다. 작가는 통역사의 통역을 들은 후 일본어로 대답하고, 또 다시 통역사가 기자에게 한국어로 통역을 하는 순으로 진행해 보겠습니다.

질문과 대답을 하나씩 끊어가며 실제 상황처럼 순차통역을 해봅니다.

문제 7

기자: 처음 뵙겠습니다. 인터넷일보의 김현중 기자라고 합니다. /
(통역)
나카무라: どうも、初めまして。/
(통역)
기자: 그럼 바로 질문에 들어가겠습니다. /
(통역)
나카무라: はい、宜しくお願いします。/
(통역)
기자: 이번에는 어떤 일로 한국에 오셨나요? /
(통역)
나카무라: 明日、ある文学フォーラムが開かれるので、パネリスト兼発表者として参加するために来ました。/
(통역)
기자: 동경대 출신의 천재 작가 나카무라씨. 첫 소설로 아쿠타가와상(芥川賞)을 수상하셨는데 그때 소감은 어떠셨나요? /

(통역)
나카무라: 信じられませんでした。/
(통역)
기자: 한국에도 많은 독자들이 있는 것으로 알고 있습니다만, 한국어로 번역된 책에 대해 어떻게 생각하시나요? /
(통역)
나카무라: 俺は韓国語がわからないので何とも言えませんが、翻訳にあたり難しい部分は翻訳者や出版社の担当者と話し合いながら進めましたので、いい翻訳になったと思います。/
(통역)
기자: 이번 포럼에서는 어떤 주제로 발표하시나요? /
(통역)
나카무라: 本についてです。インターネットが普及し情報量が膨大に増えました。飛び交っている情報は玉石混淆でいいものを選びにくいです。本はこのような社会に暮らしている私たちにゆっくりと時間をかけて読まなければならない良い書き物だと思います。/
(통역)

생각해봅시다

나카무라 작가는 책에 대해 어떻게 생각하고 있습니까?
한국어로 서술하세요.

Key word

パネリスト、パネラー　패널

芥川賞（あくたがわしょう）　아쿠타가와상 (芥川雄之助（あくたがわゆうのすけ）를 기념하여 文芸春秋社（ぶんげいしゅんじゅうしゃ）가 1935년에 제정한 신인 문학상)

玉石混淆（ぎょくせきこんこう）　옥석혼효(옥과 돌이 한데 섞여 있다는 뜻으로, 좋은 것과 나쁜 것이 한데 섞여 있음을 이르는 말)

> **해설**
> ➲ 자료조사는 선택과 집중!
> ➲ 사자성어 리스트를 만들자!

위 텍스트는 일본인 작가가 인터뷰를 할 때 통역사가 동석해 통역을 하는 상황이지만, 인터뷰 상대는 작가 뿐 아니라 과학자, 정치가, 기업자 등 여러 분야의 저명 인사가 될 수 있습니다.

인터뷰 통역의 경우 미리 준비된 자료가 있으면 좋으나, 그렇지 않은 경우도 많기 때문에 자신이 기자가 되어 질문지를 작성해 보는 것도 좋습니다.

이번 텍스트처럼 그 대상이 소설가라면 그가 쓴 소설을 읽어 보는 것은 기본이겠지요. 이외 최근 인터뷰 자료나 작가의 SNS 등을 통해 작가의 생각과 현재의 관심사 등을 알아 둡니다. 또 동영상 자료가 있다면 미리 찾아 들어보며 작가 특유의 말투에 익숙해지도록 하고, 영상을 이용해 통역 연습을 해 봅니다.

그리고 만약 작가가 '문학 포럼'에 참석하고자 방한한 것이고 일정 중 짬을 내어 인터뷰를 하는 것이라면, 인터뷰 도중 포럼과 관련된 내용이 나올 수 있으므로 포럼의 취지와 작가의 발표 내용을 파악해 두는 것도 좋습니다.

다만, 온라인 매체의 정보량이 워낙 방대하다 보니 무턱대고 조사를 시작하면 끝이 없습니다. 따라서 인터뷰 대상자가 어떠한 이유로 한국(일본)을 방문했는지 조사하고, 이에 초점을 맞춰 통역에 필요한 내용을 정리합니다.

더불어 위 텍스트에서 알 수 있듯이 사자성어는 언제 어디서 불쑥 튀어 나올지 알 수 없습니다. 그러므로 자주 사용하는 사자성어 리스트를 작성해 숙지해 둡니다.

'玉石混淆'의 경우 한국어에도 '옥석혼효'라는 사자성어가 있지만, '옥석이 뒤섞이다, 옥석을 가리기 힘들다'와 같이 사용되는 경우가 더 많습니다.

 이처럼 각 나라에서 더 많이 사용되는 표현들, 혹은 비슷한 듯하면서도 다른 표현들을 함께 익혀 두면 훨씬 더 자연스럽게 통역할 수 있습니다.

4　현장 자료 이용하기 - 간략한 메모를 통해

통역을 하다 보면 회의 당일 급하게 자료를 넘겨받는 경우가 종종 있으며, 그 자료가 아주 간단한 '메모' 수준일 때도 있습니다. 그럼에도 불구하고 통역사는 간단한 메모를 보며 대략적인 흐름을 파악하기 위해 노력해야 합니다.

다음 텍스트를 현장에서 급하게 받은 메모 자료라 생각하고, 해당 텍스트 위에 노트테이킹을 해 봅시다.

Key word

韓日和解(かんにちわかい) 한일화해 ｜ 相互理解(そうごりかい) 상호이해
認識の違(にんしきのちがい)、認識のずれ、溝(みぞ) 인식의 차이 ｜ ナショナリズム 내셔널리즘
謝罪(しゃざい) 사죄 ｜ 翻(ひるがえ)す 번복하다 ｜ 草の根交流(くさのねこうりゅう) 풀뿌리 교류

생각해봅시다

韓国と日本の和解について挙げている二つのキーワードは何でしょうか。日本語で書きなさい。

문제 8 (아래 자료 위에 노트테이킹 해 봅시다.)

<한일 화해 방안>

역사적 사실 인식

인식의 차이 : 좁히고 극복

* 문제점: 오랜 내셔널리즘과 왜곡

정치가들의 되풀이되는 '사과'와 '번복'

ㄴ. 상호 이해

상호 교류 확대 : 상호 방문

* 풀뿌리 교류

> **해설**
> ⊃ 현장에서 받은 자료 충분히 활용하기!

　　회의 통역을 준비하다 보면 사전에 자료를 받지 못하는 경우도 있고, 또 사전에 자료를 받았지만 그 자료가 아주 간략하게 요약 정리된 자료인 경우도 많습니다. 그리고 앞에서 언급한 것처럼 회의 당일 간단한 메모만 전달받는 경우도 있습니다. 현장에서 자료를 받으면 사전 조사를 할 시간이 충분하지 않으므로 순발력 있게 키워드가 될 만한 단어를 찾아 조사합니다.

　　이번 텍스트는 실제로 '심포지엄 현장에 나와 있는 것처럼' 현장감을 느끼는 것이 주목적입니다. 앞에서 설명한 것과 같이 주어진 자료 위에 노트테이킹을 해 보셨나요. 노트테이킹 해야 할 부분이 훨씬 줄어 내용을 이해하고 머릿속으로 정리할 여유가 생겼을 것입니다.

문제 8 〈한일 화해 방안〉 원문

안녕하십니까. /
오늘은 '한일 화해' 방안에 대해 함께 생각해 보고자 합니다./
먼저 두 가지 키워드를 말씀 드리겠습니다.//
첫째는 '역사적 사실 인식'이며, 둘째는 '상호 이해'입니다./
먼저 역사적 사실을 인식하기 위해서는 어떻게 하면 좋을까요./ 중요한 것은 인식의 차이를 좁히는 것입니다./상대방의 다른 인식에 대해 묵인하지 말고 이를 뛰어 넘어야 합니다./ 그러기 위해서는 오랜 내셔널리즘에서 벗어나야 할 것입니다./ 특히 정치인들의 '사과'와 그 사과를 뒤집는 '번복'이 되풀이 되며 문제를 키워왔다는 사실을 직시해야 합니다. //
다음으로는 서로를 이해하기 위한 노력이 필요할 것입니다./ 서로 다른 삶의 모습을 직접 경험해 보며 상호 교류를 확대해 가는 것입니다./ 이를 위해 가장 중요한 것은 정부나 기업 차원이 아닌 민간인 상호간의 교류인 '풀뿌리 교류' 입니다. //

이와 같이 양국이 역사적 사실을 객관적으로 인식하고 이를 바탕으로 상호 이해의 장을 활발히 마련하면 한일 화해는 한층 더 쉽게 이루어질 것입니다.//

쉬어 가는 페이지! 〈원격 회의 준비하기〉 온라인 회의의 Tip

코로나19로 인해 2020년 상반기에 대부분 중단되었던 국제회의는 비대면 회의라는 형태로 서서히 부활하기 시작했습니다. 그러면서 통역사들은 회의 현장에 직접 가지 않고 개인 공간에서 온라인으로 통역을 하는 일이 많아졌습니다. 또한 현장에 가게 되더라도 외국인 연사와는 직접 대면하지 않고 온택트(ontact) 방식으로 만나 하이브리드(hybrid) 형식으로 진행되는 회의에서 통역을 하게 됩니다.

여기서 온택트란 비대면을 일컫는 '언택트(untact)'에 온라인을 통한 외부와의 '연결(on)'을 더한 개념으로 온라인을 통해 대면하는 방식을 가리키며, 이는 2020년 코로나19 확산이 장기화되면서 등장한 새로운 흐름[1]입니다. 또한 '하이브리드 형식의 회의'란 온라인과 오프라인을 연계한 회의 진행 방식을 뜻합니다.

완전 비대면 회의나 하이브리드 형식의 회의에 임하는 통역사의 자세에 대해 알아보겠습니다.

현장에 직접 가서 통역을 할 경우 통역사는 통역 그 자체만 신경 쓰면 되지만, 온라인으로 진행될 때, 특히 통역사가 현장이 아닌 개인 공간에서 통역을 할 때는 통역 이외 기술적인 부분까지 주의를 기울이지 않으면 안 됩니다. 아래에 몇 가지 주의 사항을 들어 보겠습니다.

첫째, 온라인 회의의 경우 Webex Meetings, Zoom, Google Meet, 무료 메신저 애플리케이션 등의 여러가지 시스템을 이용합니다. 통역사는 회의에 앞서 당일 사용하는 시스템이 정상적으로 본인의 PC에서 작동을 하

---

[1] 네이버 시사상식사전

는지 확인합니다.

둘째, 기기 고장을 대비해 가능하면 두 대의 PC를 준비합니다. 온라인 회의를 할 때는 자료를 화면에 공유한 상태로 회의를 진행하는 경우가 많으므로, 스마트 폰이 아닌 공유된 자료를 보기 편한 크기의 PC를 준비합니다. 또한 따로 준비한 마이크가 고장 났을 경우를 대비해, 가능하면 마이크 기능이 탑재된 PC를 사용합니다.

셋째, 두 개 이상의 헤드폰이나 이어폰, 그리고 마이크를 준비합니다. 이때 이어폰 마이크를 사용하면 마이크를 따로 준비해야 하는 부담을 줄일 수 있습니다. PC에 탑재된 마이크를 사용할 수도 있지만, 통역사의 목소리를 명확하게 전달하기 위해서는 마이크나 이어폰 마이크를 따로 사용하는 것을 추천합니다.

넷째, 인터넷은 무선이 아닌 랜 케이블을 사용해 유선으로 연결합니다. 또한 랜 케이블을 연결할 때 젠더가 필요한지 반드시 사전에 확인합니다. 랜 케이블만 준비해 두었다 단자 모양이 달라 케이블을 사용하지 못하는 경우가 있으니 주의합니다.

다섯째, 마이크 상태를 확인합니다. PC에 탑재되어 있는 마이크나 따로 준비한 이어폰 마이크 혹은 그외 마이크가 통역사 본인의 음성을 인식하는지 반드시 확인합니다.

여섯째, 회의 도중 자리를 벗어날 수 없으니 자료나 생수, 노트, 볼펜 등 필요한 물건들은 통역사의 손이 닿는 곳에 준비해 둡니다.

일곱째, 통역사의 개인 공간에서 통역을 할 경우, 책상위에 PC, 이어폰, 자료, 노트 등 많은 물건들을 올려놓게 됩니다. 자리가 협소해 통역할 때 불편할 수 있으니 가능하면 넓은 책상을 이용합니다.

IV. ST연습

Ⅰ.통역 트레이닝의 〈2.문장구역〉에서 설명했듯이 문장구역(ST) 연습은 주제 지식 함양과 함께 표현력, 순발력 등을 향상시킬 수 있는 매우 효과적인 기초 훈련입니다. 노트테이킹 훈련에 들어가기 전에 ST 연습을 충분히 할 수 있도록 합시다.
이번 장의 경우 〈Ⅴ.실전연습〉의 노트테이킹용 텍스트에 비해 내용이나 용어가 다소 어려울 수 있습니다. 제시된 키워드를 텍스트에 미리 메모해 두고 시작해도 좋습니다.
문장구역(ST)을 시작하기 전에 '생각해봅시다'의 내용과 'Key Word'의 단어를 먼저 읽어봅니다. 그리고 문장구역을 한 후 문제를 풀어보며 내용을 파악했는지 확인해봅시다.

1 하늘을 나는 풍력발전

세계 각국에서 미래의 재생에너지에 대한 다양한 연구가 이루어지고 있습니다. 이번에 소개할 '하늘을 나는 풍력발전'은 더 좋은 효과와 더 높은 실용성을 목표로 연구가 진행되고 있습니다.

먼저 구글의 지주회사인 A사의 자회사는 하늘을 나는 풍력발전인 '에너지 연'을 개발하였습니다. 이는 풍력 발전기를 연에 싣고, 해상의 부표에 로프를 연결해 연을 날리듯 공중에 띄워 발전하는 구조입니다.

연에 실린 풍력발전 설비는 언뜻 보면 프로펠러형 비행기 같은 모양으로, 8기의 로터가 바람을 받아 회전하며 발전합니다.

이러한 연 모양 방식은 부표를 활용하는데, 풍력발전 설비를 공중에 연처럼 띄우기 위해 기존의 풍력발전에 비해 적은 양의 철강과 콘크리트를 사용합니다. 공중의 바람은 GPS나 컴퓨터 제어를 통해 자동으로 포착합니다. 해저가 깊은 해양에서도 적은 비용으로 효율적으로 발전할 수 있는 장점이 있습니다.

또 미국의 한 벤처기업이 풍선식 풍력발전 설비를 개발하는 등, 몇몇 회사와 연구소가 '하늘을 나는 풍력발전기'의 상용화를 위해 노력하고 있습니다.

(재)신에너지재단에서 발췌

생각해봅시다

Q1. グーグルの持ち株会社Alphabet Inc.の子会社が開発した「風力発電カイト」とはどんなシステムでしょうか。

Q2. 空を飛ぶ風力発電として、カイト式以外、どんなものが開発されていますか。

Key Word

持ち株会社(も かぶがいしゃ) 지주회사 | 子会社(こ がいしゃ) 자회사 | 風力発電カイト(ふうりょくはつでん) 에너지 연
洋上、海上(ようじょう かいじょう) 해상 | ブイ 부표 | ローター 로터(회전체)
空中浮体式風力発電設備(くうちゅうふ たいしきふうりょくはつでんせつび) 풍선식 풍력발전설비

2 기업의 노하우를 살린 백신접종

　新型コロナウイルスの感染対策の「切り札」としてワクチン接種に対する期待が高まっています。各地に設けられた集団接種会場の運営には、意外な企業のノウハウが生かされています。社会貢献という側面だけでなく、一刻も早く、コロナ禍前の日常を取り戻したいとの企業側の思いもにじんでいます。

　愛知県豊田市の集団接種の会場運営でタッグを組んだのが、地元の自動車メーカー・トヨタです。作業のムダを省く「カイゼン」のノウハウを採り入れています。

　会場入り口でスタッフが問診票やクーポン、身元証明書などの必要書類をバインダーにまとめ、接種者に手渡します。受け付けや問診時に書類を取り出すムダを省くためです。その後は書類の記入漏れチェック、受付、問診、接種と進みます。ここまで最短約5分がかかります。15～30分間待機し体調の異変がなければ帰れます。待機時間に2回目の接種予約もします。

　運営支援にあたるのは、トヨタの生産現場で効率化を図る「カイゼン」を重ねてきた社員です。市や医師会の助言のもと「受け付け80秒」「手指消毒12秒」と作業ごとに時間を算出し、最適な人員配置を考えました。会場の床には進路を矢印で示し、約60の案内板を設置しました。トヨタの担当者は「接種者に負担をかけず、最低限の声かけで進んでもらえるようにしました」。

朝日新聞에서 발췌

생각해 봅시다

Q1 백신 집단 접종센터 운영에 기업들이 참여하는 이유는 무엇입니까?
Q2 아이치현 도요타시의 접종센터에서 토요타가 도입한 노하우는 무엇입니까?

Key Word

切り札(きりふだ) 비장의 카드 | タッグを組(く)む 팀을 짜다 | ムダを省(はぶ)く 낭비를 줄이다
コロナ禍(か) 코로나 사태, 코로나 상황을 나타내는 말

One Point Advice

토요타 생산방식(TPS)
토요타 생산방식(TPS: Toyota Production System)은 제조 현장은 물론, 간접부문, 서비스업 등 실무와 실무개선에 없어서는 안 될 존재가 되었으며 일본뿐 아니라 해외에도 널리 보급되었습니다.

3　간호

　日本は1970年に「高齢化社会」となってから、高齢者の人口は増え続けました。2007年にはついに65歳以上の人口が総人口に占める割合、つまり高齢化率が21％を超え、日本は「超高齢社会」を迎えたのです。

　2020年の調査では、高齢化率が28.7％で世界で最も高いことがわかりました。そして2042年にはピークを迎え高齢化率が35.3％になる見込みです。

　このような高齢化社会の進行によって介護業界は介護施設や人手不足など、様々な問題を抱えることになりました。

　業界は、介護現場の悩みを解消しようと様々な工夫を凝らしています。その一つが尿漏れ検知センサーが装着されたオムツです。

　これまで介護現場では、尿漏れの有無に関係なく一定の時間ごとにオムツを交換する方式が一般的でした。ところが、このオムツは介護者に替える時を無線で知らせることができます。そのため、自分で意思表示をしにくい人が交換時間前に尿漏れがあっても、次の交換時間まで不愉快なまま放置されることがなくなりました。

　さらに、介護施設で高齢者の尿や便の処理が遅れてオムツかぶれや床ずれなどの苦痛を与えてきた問題が、このオムツの開発で多少解消されると考えられます。

　ただし、オムツ一つ当たりの単価が一般のオムツに比べて割高であることが課題として残っています。

생각해봅시다

Q1 고령화사회의 진행으로 생긴 요양업계의 문제는 무엇입니까?
Q2 소변 감지 센서가 장착된 기저귀의 이점은 무엇입니까?
Q3 소변 감지 센서가 장착된 기저귀의 문제점은 무엇입니까?

Key Word

高齢社会(こうれいしゃかい) 고령사회 | 介護施設(かいごしせつ) 요양시설

尿漏れ検知(にょうもれけんち) 소변이 새는 것을 감지 | 介護者(かいごしゃ) 간병인

オムツかぶれ 기저귀 발진 | 床(とこ)ずれ 욕창

One Point Advice

고령화율: 65세 이상 인구가 총인구에서 차지하는 비율
고령화 사회: 고령화율 7% 이상
고령사회: 고령화율 14% 이상
초고령 사회: 고령화율 21% 이상

요양 보호
고령사회가 되면서 고령자들의 요양시설이나 그들의 간병, 케어가 사회적 문제로 대두되고 있습니다. 일본에서는 介護(nursing·elderly care)라는 용어를 사용하는 반면 한국에서는 개호라는 표현은 사용하지 않습니다. 요양 현장에서 사용되는 주된 표현을 알아봅시다.

介護保険(かいごほけん) 노인장기요양보험 | 介護施設(かいごしせつ) 요양시설
介護病院(かいごびょういん) 요양병원 | 介護者(かいごしゃ) 간병인 | 介護(かいご) 간병·간호·케어
リハビリテーション(リハビリ) 재활치료 | 理学療法(士)(りがくりょうほう し) 물리치료(사)

V 실전연습

문장구역이 익숙해졌다면 이제 노트테이킹을 하며 순차통역 연습을 해봅시다.
한 클래스에서 낭독자 한 명을 정하고 나머지 학습자들은 낭독을 들으며 노트테이킹을 합니다.
먼저 'key word'와 '생각해봅시다'를 통해 내용을 예측해보고, 낭독자의 낭독을 들으며 노트테이킹을 한 후 이를 바탕으로 통역연습을 합니다. 같은 내용이라도 다양한 표현이 나올 수 있으므로 여러 사람의 통역을 들어본 후 틀린 부분이나, 다른 표현으로 바꾸면 좋겠다는 의견 등을 적극적으로 제시하면 서로의 실력을 향상시킬 수 있습니다.
실전연습은 기사 형식의 텍스트와, 일본인과 한국인의 대화 형식으로 이루어진 텍스트 이렇게 2가지 형식으로 구성되어 있습니다.

한국인과 일본인이 대화하는 형식의 텍스트는 다음 두가지 방법으로 연습해 볼 수 있습니다. 첫째, 〈V 실전연습〉의 다른 텍스트처럼 Key Word를 먼저 확인한 후 낭독자의 낭독을 들으며 노트테이킹을 하고 문제를 푸는 방법입니다. 둘째, 낭독자와 통역사를 지정하고, 통역 담당 학습자가 앞에 나와 실제 현장에서 통역을 하는 것처럼 일본어 통역과 한국어 통역을 모두 다 해 보는 것입니다. 낭독자는 '통역'이라 적어 둔 부분에서 문장을 끊어 주고, 통역 담당자가 통역을 할 수 있도록 시간을 줍니다. 이때 다른 학습자들도 함께 노트테이킹 연습을 해 봅니다.

1　사회/생활

1　플라워 시위

　性暴力の被害を訴え、刑法の改正を求める「フラワーデモ」が全国に広がっています。

　刑法の要件が厳しすぎて性暴力が処罰されず、被害者が泣き寝入りになるケースが多いという訴えです。

　刑法で罪に問われる要件は、「暴行または脅迫を用いて」性行為をした場合です。酒や薬物などを使った場合も同じです。

　相手の同意があった問題のないケースまで処罰してしまわないように、同意の有無を判断する手がかりとして、暴行や脅迫などを要件としています。つまり、こうした不正な手段を使っていたのであれば「同意はなかった」とみなせる、という考え方に基づいています。

　しかし、被害者は、暴行や脅迫ほど強い手段ではなくても、恐怖や衝撃で抵抗できず、受け入れたように見える場合もあるので、厳しすぎると訴えています。

　刑法を改正する場合は法務大臣が諮問して法制審議会で議論することになりますが、法務省は「対応を検討中」としています。

　ただ、適切に処罰されないケースがある現状については、検討会でも見解が一致しました。

　性犯罪は「魂の殺人」とも言われますから、処罰を免れるケースをなくすため、今後もさらに議論していくべきだと思います。

NHK おはよう日本에서 발췌

생각해봅시다

Q1. 플라워 시위를 하는 이유는 무엇입니까?

Q2. 성범죄는 무엇으로 비유됩니까?

key word

刑法(けいほう) 형법 | フラワーデモ 플라워 시위 | 被害者(ひがいしゃ) 피해자
泣(な)き寝(ね)入(い)り 이의나 불만이 있지만 할 수 없이 단념함 (울며 겨자 먹기로 포기함)
脅迫(きょうはく) 협박 | 暴行(ぼうこう) 폭행 | 法制審議会(ほうせいしんぎかい) 법제심의회 | 恐怖(きょうふ) 공포

One Point Advice

フラワーデモ (플라워 시위)
일본에서 만취 여성을 성폭행한 혐의로 기소된 남성이 2019년 3월 무죄판결을 받는 등, 성폭력 사건에서 피고인이 구제를 받는 것에 대한 반발로, 작가 기타하라 미노리(北原みのり) 씨 등이 항의 집회를 열자고 SNS에 글을 올렸습니다. 다음 달 도쿄역 앞에서 열린 집회에는 피해자들에 대한 동정의 뜻으로 꽃을 들고나와 성폭력 사건에서 잇따라 무죄판결을 내린 법원을 성토하고, 느슨한 형법 조항의 개정을 촉구했습니다. 도쿄역 앞에서 시작된 이 집회는 그 후 전국으로 확산되었습니다.

法制審議会 (법제심의회)
일본 법무성에 설치된 심의회 중 하나로 법무대신의 자문을 받아 민사법, 형사법 및 그 외 법무에 관한 기본적인 사항을 조사 심의하는 것 등을 목적으로 합니다.

2 지진 재해 유산

　東日本大震災から11日で10年です。被災地で続けられてきた活動の1つに、震災の被害や、その後の人々の行動を物語る「震災遺産」の収集や活用があります。
　「震災遺産」は、地震や津波、原発事故による被害や人々が取った行動、さらには復興に向けた歩みなどを物語る資料のことで、収集を進めている福島県立博物館が名付けました。
　現在開かれている「震災遺産を考える」という企画展には、津波で流された郵便ポストや鉄道のレール、そして地震のあとの停電によって止まってしまった時計などが展示されています。
　「震災遺産」を残す意義は、大きく2つあると思います。1つは被害や人々の行動を直接伝える「生きた資料」として、防災教育に役立てることができるという点。そしてもう1つは、地域の歴史の中に震災を位置づけ、将来にわたって伝え続けていくための基礎資料になるという点です。
　阪神・淡路大震災では、26年がたった今も資料の収集が続けられています。神戸市にある「人と防災未来センター」には、長年手元に置いていた資料を役立ててほしいと、今も寄贈の申し出があるということです。
　東日本大震災から10年になりますが、「震災遺産」の収集、保存、公開のサイクルは、これからも絶やしてはならないと思います。

NHK おはよう日本에서 발췌

생각해봅시다

Q1. 동일본대지진이 발생한 후 몇 년이 지났습니까?
Q2. '지진 재해 유산'을 남기는 의의는 무엇입니까?

Key Word

東日本大震災 동일본대지진 | 被災地 피해 지역(지진이나 수해 등의 재해를 입은 곳) | 震災遺産 지진 재해 유산 | 阪神·淡路大震災 한신·아와지 대지진

One Point Advice

東日本大震災 (동일본대지진)
2011년 3월 11일 일본 도호쿠(東北) 지방에서 발생한 대지진. 당시 지진과 쓰나미, 대규모 화재 등으로 2만 2천여 명의 사망·실종자가 발생했습니다. 또한 이 지진으로 인해 후쿠시마 제1원자력 발전소의 원자로가 손상되고, 냉각용 전원이 멈추면서 핵연료봉 다발이 녹아내리는 노심 용융(멜트다운)과 수소폭발로 이어졌습니다.

阪神·淡路大震災 (한신·아와지 대지진 또는 고베 대지진)
1995년 1월 17일 일본 효고현의 고베시와 한신 지역에서 발생한 대지진으로, 6,300여 명이 사망하였습니다.

3 청소년의 식사

 핵가족화와 맞벌이 부부의 증가 등으로 바쁜 현대사회에서는 가족이 함께 식사하는 시간이 점점 줄어들고 있습니다. 이런 가운데 가족과 함께 식사하는 빈도가 높은 청소년일수록 비만이 될 가능성이 낮고 폭식 등 불규칙한 식사를 할 가능성도 낮아진다는 것이 연구에 의해 밝혀졌습니다. 한편 가족과 함께 식사를 안 할수록 체력저하, 영양불균형 등 건강상태가 악화된다는 연구결과도 있습니다.

 이런 배경에는 가정 내의 식사가 성장에 필요한 영양소를 골고루 갖춘 식사이기도 하며 부모와 함께 식사하며 식사습관을 지도하는 것이 아이들의 건강한 성장에 직접적인 영향을 미치기 때문일 것입니다.

 또한 음식을 함께 나누어 먹는 것은 인간관계에서 유대감을 강화하는 중요한 방법 중 하나라고 합니다. 특히 대화가 필요한 청소년기에 가족과 함께 식사를 하며 대화를 하는 것은 스트레스 해소에 도움이 되며, 나아가 가족과의 소통을 원활하게 하는 긍정적인 영향을 미치는 것으로 보입니다.

생각해봅시다

Q1. 青少年にとって家族とともに食事をする回数が多ければ多いほど良いことは何ですか。

Q2. 特に会話が必要な青少年期に家族と一緒に食事をすることが求められる理由は何ですか。

Key Word

核家族化（かくかぞくか） 핵가족화 | 共働き、共稼ぎ（ともばたら、ともかせぎ） 맞벌이 부부 | 肥満（ひまん） 비만
暴食（ぼうしょく） 폭식 | 栄養の不均衡（えいようのふきんこう） 영양불균형 | 絆（きずな） 유대감

2 문화

1 팬미팅 사회자 멘트 1

　皆様、まもなく式が始まりますので、入場された方はご着席くださいますようお願い申し上げます。
　皆様、遠路はるばるお越しいただきありがとうございます。
　私は今回、司会をつとめさせていただくイ・カウルと申します。どうぞよろしくお願い申し上げます。それでは、本日の式順についてご案内申し上げます。
　まもなく、本日の主人公であるナスタさんにお越しいただき、ご挨拶をいただきます。今回のファンミーティングは、ナスタさんとファンのみなさまとの個人的な出会いではなく、日韓両国の観光交流活性化のための長期プロジェクトのスタートをお知らせする場であるだけに、まずナスタさんからお話を聞く時間を持ちたいと思います。
　次にナスタさんが直接撮った韓国の美しい写真を通じナスタさんの旅をご紹介致します。
　その後、皆様に直接壇上にお上がりいただき、ナスタさんと一緒にグループごとに写真撮影をする時間を持ちたいと思います。ここで撮られた写真は後ほどファンクラブから個別にお送り致します。
　ナスタさんは現在、来年1月から韓国で放送されるドラマの撮影を行っています。ハードスケジュールにもかかわらず、本日日本のファンのみなさまにお会いするため、撮影スケジュールまで変えてご出席しました。
　それでは、ただ今よりファンミーティングを始めたいと思います。
　皆様、ナスタさんを大きな拍手でお迎えください。

생각해봅시다

Q1. 사회자는 곧 식이 시작되니 어떻게 하라고 말하였습니까?
Q2. 이번 팬 미팅은 어떤 의미를 가진 자리입니까?
Q3. 나스타 씨는 현재 어떤 상황 속에서 팬 미팅에 왔습니까?

Key Word

| 壇上(だんじょう) 단상, 무대 위 | 式順(しきじゅん) 식순

One Point Advice

ファンミーティング (팬 미팅)

일본의 NHK에서도「ファンミーティング」(줄여서 ファンミ 라고도 함)라는 말을 사용하고 있을 정도이므로 상당히 정착된 단어라 볼 수 있습니다. 원래는 한국에서 팬들의 모임을 팬 미팅이라고 불렀는데 이 말이 한류 열풍과 함께 일본에 유입된 것으로 보입니다.
일본에는 스타와 팬과의 만남으로「ファンの集(つど)い」,「撮影会(さつえいかい)」,「トークショー」,「ミニライブ」,「握手会(あくしゅかい)」등이 있습니다.

❷ 팬미팅 사회자 멘트 2

 안녕하세요. 오늘 '김나라' 씨 생일파티의 사회를 맡은 한기쁨입니다. 뮤지컬 공연을 통해 여러분들을 뵈었는데 오늘은 김나라 씨의 생일 파티 소식을 듣고 여러분들과 함께 축하하기 위해 이 자리에 서게 되었습니다. 여러분, 오늘 생일파티가 여러분께 좋은 추억이 되길 바라겠습니다.
 그럼 오늘의 주인공인 김나라 씨를 만나보도록 하겠습니다. 어서 오세요!
 (박수 속에 등장)
 김나라 씨 안녕하세요.
 우선 김나라 씨, 생일 축하드립니다. 이 자리에 저뿐만 아니라 김나라 씨의 생일을 축하하기 위해 많은 분들이 오셨습니다. 최근 뮤지컬 공연을 계속 했기 때문에 팬들과 자주 만나셨지만 그래도 생일파티 무대에서 팬들을 보는 소감이 다르실텐데 어떠신가요?
 그럼 김나라 씨의 생일 파티를 본격적으로 시작해 보도록 하겠습니다.
 지금 무대 위로 케이크가 등장했는데요, 팬들이 김나라 씨의 생일을 축하하기 위해 특별히 준비한 케이크입니다. 다 같이 생일 축하 노래를 불러 볼까요?
 네, 감사합니다. 그러면 다음으로 케이크 커팅 세레모니가 있겠습니다.
 마지막으로 팬들이 김나라 씨의 생일을 맞이해서 특별히 준비한 영상이 있다고 하는데요, 함께 보도록 하겠습니다.
 분위기가 한창 무르익어 아쉬움이 남습니다만, 오늘은 이것으로 김나라 씨의 생일 파티를 마무리하도록 하겠습니다.
 그럼 잠시 후 공연에서 만나 뵙도록 하겠습니다. 감사합니다.

생각해봅시다

Q1. 司会者はどのような理由で司会を務めていますか。

Q2. ケーキが登場した後の式順について書きなさい。

Q3. ファンのみなさんがキム・ナラさんの誕生日をお祝いするために用意した二つは何ですか。

Key Word

お誕生日パーティー　생일파티　|　バースデーソング　생일축하 노래

ケーキ入刀　케이크 커팅　|　雰囲気もたけなわである　분위기가 한창 무르익다

お開きにする　마치다, 폐회하다

One Point Advice

入刀(にゅうとう)
결혼 피로연에서 신랑 신부가 하나의 나이프를 둘이 함께 들고 웨딩케이크를 자르는 것을 의미합니다.
일본에서는 결혼식 등 길흉과 관련된 행사에서 '切る(베다·자르다)'와 같은 표현은 불길하다고 생각해 사용하지 않습니다. 따라서 '케이크 커팅이 있겠습니다'는 'ケーキをカッティングします'가 아니라 'ケーキ入刀でございます''ケーキにナイフを入れていただきます'등으로 표현합니다.

お開きにします(ひら)
연회를 '마치다, 폐회하다'의 의미. 入刀와 마찬가지로 회의나 연회, 축하공연 등에서 閉会나 解散과 같은 불길한 표현 대신 사용합니다.

3　환경

1　초미세먼지(PM 2·5)

　中国で問題となっている微小粒子状物質「PM2·5」などによる大気汚染は、アジアや中東、アフリカといった地域の国々でも深刻な状況にあります。最近は日本でも、各地で「PM2·5」の測定値が高くなっています。

　PMとは空気中にある粒子状物質で、「PM2·5」は粒子の直径が2·5マイクロメートル以下と小さく、髪の毛の太さと比べても数十分の1ほどしかありません。これはとても細かいため吸い込めば肺の奥や血管まで入り込み、ぜんそくや心臓疾患などを引き起こす場合があり ます。「PM2·5」には有害物質が含まれる場合もあるため、大気環境や人間の健康に与える影響が早くから指摘されており、排出規制が行われてきました。

　一方、「PM2·5」の発生源は多様で、工場や自動車などから直接粒子として排出されるものに加えて、工業化が進む中国から飛来した大気汚染物質による影響が大きいのが現状です。そのため、中国の対策が何よりも急がれています。

생각해봅시다

Q1.「PM2·5」란 무엇입니까?
Q2.「PM2·5」가 문제시되는 이유는 무엇입니까?

Key Word

粒子状物質　미세먼지　|　微小粒子状物質　초미세먼지
大気汚染　대기오염　|　直径　직경, 지름　|　心臓疾患　심장질환
ぜんそく　천식　|　飛来する　날아오다

② 탄소 가격제

　政府は2050年に温室効果ガスの排出を事実上ゼロにする目標を掲げており、これを達成するため、カーボンプライシングという新たな制度を導入しようとしています。

　では、カーボンプライシングとはどのような制度か具体的にみていきます。

　一つは、炭素の排出量に応じて税金をとる案で、炭素税とも呼ばれています。日本では2012年から同じような税として、温暖化対策税が導入されていますが、課税する企業の対象を広げたりすることなどが検討されます。

　もう一つが排出量取引制度を国が主導してつくる案です。こちらは、まず政府などが各企業ごとに、二酸化炭素をここまでなら排出してもよいという上限＝排出枠を決めます。そしてある企業がこの上限を超過してしまった場合は、排出枠が余った別の企業、つまり排出量が上限を下回った企業から、余った排出枠を購入するという仕組みです。市場を通じてこうした取引が行われることも考えられます。

　いずれも、企業が二酸化炭素を多く排出すれば、それだけ金銭的な負担を負うことになるため、そうならないように排出削減の取り組みを強めることが期待されるのです。さらに企業の経済的な負担が増えると、それが製品の販売価格などに転嫁され、消費者である私たちの負担も増える可能性もあります。新たな制度には、二酸化炭素排出のコストを社会全体で意識することで、排出削減の取り組みを加速させようという狙いもこめられています。

NHK 時論公論에서 발췌

생각해봅시다

Q1. 일본 정부가 탄소 가격제라는 새로운 제도를 도입하려고 하는 이유는 무엇입니까?
Q2. 새로운 제도에는 어떠한 목적이 내포되어 있습니까?

Key Word

温室効果ガス 온실가스 | カーボンプライシング 탄소 가격제
温暖化対策 온난화대책 | 排出量取引制度 배출권 거래제도
排出枠 배출 한도 | 二酸化炭素 이산화탄소 | 削減 감축

One Point Advice

カーボンオフセット (탄소 상쇄, Carbon Offset)
이산화탄소(carbon dioxide)를 상쇄(offset)한다는 뜻으로, 인간의 경제 활동이나 생활을 통해 '특정 장소'에서 배출된 이산화탄소와 같은 온실가스를 삼림 보호나 친환경 에너지사업 등을 통해 '다른 장소'에서 직간접적으로 흡수시키고자 하는 활동. 또는 발생한 이산화탄소의 양을 다양한 방법으로 상쇄시켜 이산화탄소 배출을 제로(탄소 중립)에 가깝게 만들고자 하는 발상을 말합니다.

カーボンニュートラル (탄소 중립, Carbon Neutral)
인간의 인위적인 활동으로 인해 배출되는 이산화탄소와 흡수되는 이산화탄소가 같은 양임을 뜻하는 개념으로, 화석연료 사용에 의한 탄소 배출을 전면 차단하거나 산소를 공급하는 숲을 조성해 탄소 배출을 상쇄하는 것을 뜻합니다.

カーボンフットプリント (탄소발자국, Carbon footprint)
우리가 구입·소비하고 있는 모든 제품과 서비스는 제작 단계부터 버려질 때까지 많은 에너지를 소모합니다. 그 에너지는 주로 석유나 석탄, 천연가스와 같은 화학 연료에서 얻어지며, 대기 중에 지구온난화의 원인이 되는 CO_2를 배출합니다.
'탄소발자국'이란 이러한 상품과 서비스의 라이프 사이클 과정에서 배출되는 '온실가스'를 합산한 전체 양을 CO_2양으로 환산해 표시하는 것으로, '어디'에서 '얼마만큼'의 CO_2가 배출되는지 '가시화'한 것입니다.

3 열대야

　최근 '72일간의 열대야를 후손에게 물려주겠습니까?'라는 신문 기사를 읽었습니다. 열대야란 최저 기온이 25도 이상인 무더운 밤을 말합니다. 현재 한 해 평균 수일 정도에 불과한 열대야이지만 이대로 가다가는 90년 뒤에는 72일 동안 열대야에 시달리게 될 것이라고 합니다. 다시 말해 온실가스를 계속 배출한다면 미래를 살아갈 후손들은 잠 못 이루는 열대야를 계속 겪는 고통을 겪을 수밖에 없습니다.

　한편 기상청은 온실가스 배출에 대한 규제 노력을 게을리하면 2100년 한반도 연평균 기온이 지금의 제주도 서귀포시 기온(16.6도)과 유사한 아열대 지역으로 바뀔 것으로 예상했습니다.

　온실가스란 지구의 대기를 오염시켜 지구 온도의 상승을 초래하는 가스들을 가리키는 말입니다. 대표적으로 이산화탄소, 수증기, 메탄 등이 있습니다.

　온실가스를 줄이는 방법은 석유, 석탄 같은 화석 에너지의 사용을 줄이는 것입니다. 예를 들면 자가용 대신 대중교통을 이용하고, 컴퓨터와 TV 사용을 줄이거나 식물을 많이 키워 이산화탄소를 흡수하도록 하는 것도 온실가스를 줄이는 효과적인 방법입니다.

생각해봅시다

Q1. 熱帯夜とは何ですか。
Q2. 温室効果ガスとは何ですか。
Q3. 温室効果ガスを減らために私たちが身近なところで実践できる方法を挙げなさい。

Key Word

熱帯夜 열대야 ｜ 温室効果ガス 온실가스 ｜ 亜熱帯 아열대
メタン 메탄 ｜ 化石エネルギー 화석에너지
マイカー、自家用車、自家用自動車 자가용

> **One Point Advice**
>
> ヒートアイランド現象 (열섬현상, heat island)
> 인구 증가나 자동차 통행량 증가 등으로 도시 중심부의 기온이 그 주변 지역보다 현저하게 높아지는 현상을 말합니다. 서울이나 도쿄와 같은 거대도시뿐만 아니라 인구 수천 명에서 수만 명 규모의 소도시에서도 발생할 수 있습니다.

4　경제

1 반도체

A: 일본의 대형 반도체 공장에서 화재가 발생함에 따라 세계적으로 반도체 부족 사태가 장기화하여 그 영향이 확산하고 있습니다.
(통역)
B: 以前も「半導体が足りなくてクルマが作れない」という話をお伝えしましたが、状況はもっとひどくなっているんですか？
(통역)
A: 네. 자동차 제조업체에는 엎친 데 덮친 격입니다. 자동차용 반도체 분야에서 세계 1위를 자랑하는 '르네사스 일레트로닉스' 공장에서 화재가 발생하여 원래 수준으로 돌아가기까지 3개월 이상 걸린다고 합니다. 르네사스는 일본 국내의 다른 공장에서 생산을 대체할 생각입니다. 그러나 디지털화가 급속히 진행되고 신종코로나 바이러스로 집콕 수요도 커지는 가운데 자동차, 컴퓨터, 스마트폰을 만드는 데 불가결한 반도체의 세계적인 쟁탈전이 계속되고 있습니다. 이번 화재는 이러한 상황에 기름을 부은 격입니다.
(통역)
B: どういう対策をすればいいんでしょうか？
(통역)
A: 전세계적으로 모든 나라가 생산능력 확대에 힘을 쏟고 있습니다. 정부의 지원을 받아 미국 업체인 인텔은 2조 엔, 대만의 TSM사는 11조 엔에 달하는 어마어마한 투자를 하여 생산을 확대할 것으로 보입니다. 또한 다음 주에 개최될 미일 정상회담에서도 반도체의 안정적인 공급을 위한 협력이 의제 중 하나가 될 예정입니다. 일본도 디지털화의 근간을 뒷받침하는 반도체 산업의 강화를 본격적으로 추진해야 한다고 생각합니다.

NHK 解説委員室에서 발췌

생각해봅시다

Q1. 半導体不足が続いている理由はなんですか。

Q2. 半導体不足に備え各国はどういう風に取り組んでいますか。

Key Word

泣きっ面に蜂　엎친 데 덮친 격　|　巣籠り需要　집콕 수요

追い打ちをかける　추격을 가하다　|　日米首脳会談　미일 정상회담

(*참고) 한일　日韓　|　日米　미일　|　日中　중일

2 집콕투자

　コロナ禍を機に、投資に興味を持つ若者が増えました。昨春に落ち込んだ株価は急回復して相場が高値圏にあるうえ、スマホ一つで少額から手軽に売買できるサービスも充実しています。外出自粛で家にいる時間が増えたことで、将来設計や資産運用を考える機会にもなり、「巣ごもり投資」が広がっています。

　都内の会社に勤める20代の男性は、在宅勤務で生まれた時間に情報を集め、年40万円まで非課税で20年間投資できる「つみたてNISA」を始めました。株取引にも挑戦し、2社の株を約25万円分買って4月末に一部売り、5万円弱もうけました。1株から買える米国のIT大手株も約70万円分購入。男性は「先見性がお金になっておもしろい。貯金の代わりに投資を続けたい」と話します。

　ネットやスマホでの売買は一般の証券会社より手数料が安く、少額で気軽にできるサービスも多いです。例えば、投資信託購入を100円から、通常100株からの日本株投資を1株からできるネット系証券は多いです。

　買い物などでためたポイントを投資に使えるサービスも人気。楽天証券は投信や株などの購入に楽天ポイントを使えます。自社の「楽天経済圏」に投資家を取り込みたい考えです。

朝日新聞에서 발췌

생각해봅시다

Q1. 젊은이들 사이에서 집콕 투자가 늘어나고 있는 이유는 무엇입니까?
Q2. 인터넷이나 모바일 주식거래의 장점은 무엇입니까?

Key Word

巣ごもり 집콕 | 外出自粛 외출 자제
相場 시세 | 取り込む 끌어들이다.

One Point Advice

소액투자 비과세제도 (NISA)
일본정부가 2013년 10월에 도입한 비과세 투자상품으로 '니사(NISA)'라고도 합니다. 세금 혜택이 큰 영국의 개인저축계좌(ISA : Individual Saving Account)를 본 따 만든 것인데 투자원금 120만 엔 한도 내에서, 위험자산에 투자한 자금의 매각이익과 배당 등에 대해 최장 5년간 비과세혜택을 주도록 하는 제도입니다. 일본에 거주하는 20세 이상의 성인을 대상으로 합니다.

3 디지털 화폐

A: 日本銀行は今年度から、現金を電子化する、いわゆる「デジタル円」の実験を始めました。
(통역)
Q: 최근 뉴스에서도 '디지털 화폐'라는 말을 자주 듣게 된 것 같은데요. 디지털 화폐란 본래 어떤 것인가요?
(통역)
A: はい。デジタル通貨というのはおカネを、紙幣や硬貨ではなく、電子データの形で発行するものです。厳密には、「中央銀行デジタル通貨」と呼ばれるもので、民間企業ではなく、国が自らの責任で発行するのが特徴です。
(통역)
Q: 일본에서는 소위 '디지털 엔화'가 이에 해당되겠네요. 그리고 '현금'과 '디지털 화폐'는 완전히 동일한 가치를 가지겠네요.
(통역)
A: はい。そうです。
(통역)
Q: 지갑 없이도 쇼핑을 할 수 있는 것은 편리하지만 캐시리스 결제라던가 비트코인과 같은 암호자산과는 어떻게 다른가요?
(통역)
A: 大きな違いは、「いつでも、どこでも、誰でも」使える形になる、という点です。暗号資産やキャッシュレス決済だと、このお店では使えるけれど、あの店では使えないとか、使うのに手数料がかかるといったことがありますが、それがないのがメリットです。また、ビットコインの値段が乱高下したりするのに対して、デジタル通貨は国の信用を反映したものですので、たとえば日本政府に信用があれば、「デジタル円」の価値が急激には変わったりはしないという点も重要です。「現金を使わずに支払いをできる」という点では、デジタル通貨も、キャッシュレス決済も、暗号資産も、ほ

とんど同じに感じられるかもしれません。ですが、「便利」なだけでなく、通貨のもつ「信頼性」や「安定性」という観点から、いっそ各国の中央銀行が発行するデジタル通貨があればいいのではないか？という議論になっているんです。
(통역)
Q: 그렇군요. 세계적으로 활발한 움직임을 보이고 있군요. 그래서 '일본은행'은 지금 어떤 실험을 하고 있나요?
(통역)
A: まずは第一段階として基本的なしくみの検証をしています。複数の暗号技術を組み合わせることで記録を改ざんするのが難しくなる新しい技術を使い、おカネをデジタルの形で送金したり記録できたりするか、テストしています。
(통역)

NHK みみより！くらし解説에서 발췌

생각해봅시다

Q1. 디지털 화폐란 무엇입니까?
Q2. 디지털 화폐가 다른 암호자산과 다른 점 2가지를 비교해 설명하세요.

Key Word

デジタル通貨(つうか)　중앙은행 디지털화폐(CBDC)
キャッシュレス決済(けっさい)　비현금 결제, 캐시리스 결제
乱高下(らんこうげ)　시세나 물가가 심하게 변동함 ｜ 改(かい)ざん　위조, 변조

5 법률

1 재판원 제도

　数年前から始まった「裁判員制度」。
　裁判員制度は、日本にいる20歳以上の有権者から無作為で選ばれた人が裁判員となり、裁判官とともに裁判を行う制度です。この制度ができたことで、初めて裁判に国民が直接かかわることになりました。これにより、国民は司法への理解を深め、裁判に対する信頼も向上しました。
　一方、専門家でない一般人が裁判に臨むことから問題点も指摘されています。
　まず、冤罪への危惧です。法律の専門知識や客観性に欠ける人がマスコミなどの報道の姿勢によって無罪であるべき人に有罪判決を下す可能性があるからです。
　さらに、法廷で見せられる殺害現場の生々しい写真などが精神的なストレスを起こす恐れもあります。
　ただ、冤罪については様々な意見がありますので今回は控えることにしますが、民意を取り入れた裁判で国民の関心を高め、司法という難しい壁を取り壊すという当初の目的は評価できます。
　ところで関係当局は、裁判に参加した裁判員の心のケアと心理的な負担の軽減をめぐっては十分に取り組んでいるのでしょうか。このような問題に備え最高裁は相談窓口を設けていますが、専門家グループはこれだけでは不十分だという見解を示しています。

생각해봅시다

Q1. 재판원 제도란 무엇입니까?
Q2. 전문가가 아닌 일반인이 재판에 임하면서 발생하는 문제점 중 첫 번째로 지적하고 있는 것은 무엇입니까?
Q3. 정신적 스트레스를 받을 수 있는 재판원에 대한 대법원의 조치와 이에 대한 전문가 그룹의 견해에 대해 설명하세요.

Key Word

裁判員制度(さいばんいんせいど) 재판원 제도 | 裁判に臨む(さいばんにのぞむ) 재판에 임하다
冤罪(えんざい) 무고죄 | 法廷(ほうてい) 법정 | 最高裁(最高裁判所)(さいこうさい(さいこうさいばんしょ)) 대법원

One Point Advice

한국의 '국민참여재판'과 일본의 '재판원재판'

국민참여재판은 2008년 1월부터 시행되었으며 만 20세 이상의 국민 중 무작위로 선정한 일반인들이 형사재판에 참여하여 유·무죄 평결을 내리는 제도입니다.
일본의 재판원재판은 2009년 5월부터 시행되었으며 만 20세 이상의 선거인 명부에 등록된 국민 중에서 무작위로 선정한 일반인들이 사형 또는 무기징역, 금고에 해당하는 형사재판에 참여해 유·무죄 평결을 내리는 제도입니다.
한국의 국민참여재판은 배심원들이 의견을 법관에게 권고하는 성격이지만 일본의 재판원 재판은 재판원들이 양형 작업에 직접 참여하는 점이 한국의 제도와 다릅니다. 20세 이상 일반인 중에서 추첨으로 선정된 6명의 재판원이 3명의 재판관과 함께 피고의 유무죄, 형량을 판단합니다. 9명이 똑같이 1표를 행사해 다수결로 결정합니다. 다만 유죄 선고를 위해서는 재판관 1명 이상이 포함된 과반수가 유죄 의견을 내야 합니다.

2 피고인 신문

재판장: 피고인 김기남과 박이남은 진술을 하지 아니하거나 각개의 물음에 대하여 묵비권을 행사할 수 있고, 이익되는 사실을 진술할 수 있습니다.
검찰 및 변호인: 별다른 의견이 없으며, 신청할 증거가 없습니다.
(통역)
재판장: 증거조사를 마치고 피고인 신문을 실시하겠습니다.
(통역)
검찰: 피고인은 2021. 5. 1. 02:00경 서울특별시 용산구 한남동에 있는 피해자 이말숙의 주택에서 금품을 절취한 사실이 있습니까.
(통역)
김기남: 예, 있습니다.
(통역)
검찰: 피고인이 피해자 소유의 백자 1개를 절취하는 동안 피고인 박이남은 무엇을 하고 있었나요?
김기남: 박이남은 현대맨션 근처 벤치에 앉아 있었습니다.
(통역)
검찰: 박이남이 피고인에게 이말숙의 재물을 절취하자고 제안했습니까?
(통역)
김기남: 박이남이 사귀던 이말숙에게 거절을 당하자 "한번 혼이 나봐야 정신을 차린다"라고 말하였습니다.
(통역)
검찰: 피고인은 경찰이나 검찰에서 허위 진술을 강요당한 사실이 있습니까?
(통역)
김기남: 그런 사실은 없습니다.
(통역)

생각해봅시다

Q1. キム・キナムはイ・マルスックの家から何を窃取しましたか。

Q2. キム・キナムがイ・マルスックの家から金品を窃取している間、パク・イナムは何をしていましたか。

Q3. パク・イナムが付き合っていたイ・マルスックから振られた後、キム・キナムに何と言いましたか。

Key Word

検察官(けんさつかん) 검찰 | 陳述する、述べる(ちんじゅつする、のべる) 진술하다 | 黙秘権(もくひけん) 묵비권
申し出る、申請する(もうしでる、しんせいする) 신청하다 | 窃取する(せっしゅする) 절취하다 | 白磁(はくじ) 백자

One Point Advice

관련용어를 알아둡시다!

検察庁(けんさつちょう) 검찰청 | 検事総長(けんじそうちょう) 검찰총장 | 最高裁判所(最高裁)(さいこうさいばんしょ(さいこうさい)) 대법원(대법)
高等裁判所(高裁)(こうとうさいばんしょ(こうさい)) 고등법원(고법) | 地方裁判所(地裁)(ちほうさいばんしょ(ちさい)) 지방법원(지법)
家庭裁判所(家裁)(かていさいばんしょ(かさい)) 가정법원 | 司法修習生(しほうしゅうしゅうせい) 사법연수생
司法試験(しほうしけん) 사법시험 | ロー・スクール 로스쿨

3 온라인 가사조정

A: 이혼이나 유산 상속과 같은 가정 문제를 조율을 통해 해결하는 법원의 '조정'을 시험적으로 온라인으로 실시하게 되었습니다. 최근 회사에서도 화상 회의를 하는 경우가 많은데, 법원에도 도입이 되는군요.
(통역)
B: 刑事裁判や民事裁判の本格的なIT化は議論が始まったところですが、裁判所は、「調停」という手続きの一部で、試しにウェブ会議を導入することを決めました。
調停には「民事調停」と「家事調停」がありますが、今回、ウェブ会議が試行されるのは、家庭に関するトラブルを扱う「家事調停」です。
(통역)
例えば、夫婦の離婚やそれに伴う財産分与とか、遺産を相続する人たちがどうやって分け合うかを話し合う遺産分割などです。
試行という形で、東京・大阪・名古屋・福岡の4か所の家庭裁判所で今年度中に始まる見通しです。
(통역)
A: 화상 회의로 감염을 방지한다는 장점이 있네요.
(통역)
B: はい。もともとは裁判手続きのIT化という大きな流れを受けての対応ですが、新型コロナの感染拡大を防ぐという狙いもあります。
調停は、調停委員と当事者がひざを突き合わせて話し合い、密な信頼関係を築いていって、うまく折り合える案をまとめるのが大切なのですが、逆に言えば、感染リスクが高い状況でもあります。
(통역)
その点、ウェブ会議は、裁判官や調停委員は裁判所にいますが、当事者は自宅などからオンラインで参加できるので、お互いに感染させるリスクを抑えることができます。
まだ試行段階なので、案件によってウェブ会議を使うものと使わ

ないものを分けたり、あるいは1つの案件の中でウェブ会議と対面を組み合わせたり、さまざまな形を試しながら、効率的・効果的なやり方を探っていくことになりそうです。
(통역)

NHK みみより！くらし解説에서 발췌

생각해봅시다

Q1. 화상 회의 방식이 시험적으로 도입되는 것은 법원의 어떤 조정입니까?
Q2. 조정 과정이 감염 리스크가 높은 이유는 무엇입니까?

Key word

| ウェブ会議　화상회의　| 民事調停　민사조정　| 家事調停　가정조정
| 遺産分割　유산 분할　| 財産分与　재산 분여　| 家庭裁判所　가정법원

6　의료 건강

1　온열질환

　毎年夏場のニュースに欠かせないもののひとつに「熱中症」があります。

　昨年は梅雨明けとともに熱中症の患者が急増したため、梅入りが早かった今年も熱中症が懸念されています。

　熱中症は、体温を調整する機能がうまく働かず、体温が上昇する機能障害ですが、炎天下ばかりでなく、室内で静かに過ごしていても発症することがあります。実際、高齢者が室内で熱中症になって倒れているのが発見されるというケースも少なくありません。毎年被害が跡を絶たないのは「自分で気づきにくい」、または「たいしたことはない」と感じてしまう人が多いことが主な要因として挙げられています。

　これから暑い日が続いて、35℃以上になる所もありそうです。あまり出かけないで、部屋の中では28℃以上にならないようにエアコンを使って、外では人が近くにいない時はマスクをしないで休むことも大切です。

생각해봅시다

Q1. 매년 온열질환 피해가 속출하는 이유는 무엇입니까?
Q2. 온열질환에 걸리지 않기 위해서는 어떻게 해야 합니까?

Key Word

| 夏場(なつば)　여름철 | 熱中症(ねっちゅうしょう)　온열질환 | 梅雨明(つゆあ)け　장마가 끝남
| 梅雨入(つゆい)り　| 장마가 시작됨. 장마철로 접어듦 | 炎天(えんてん)　무더위
| 後(あと)を絶(た)たない　끊이지 않다

One Point Advice

猛暑日(もうしょび)　하루 중 최고기온이 섭씨 35℃ 이상인 날
真夏日(まなつび)　하루 중 최고기온이 섭씨 30℃ 이상인 날
夏日(なつび)　하루 중 최고기온이 섭씨 25℃ 이상인 날

2 코로나 백신

　新型コロナウイルスのワクチンには、いくつかの効果が期待されています。まずウイルスが私たちの細胞に侵入・増殖するのを防ぐ「感染予防効果」。また、感染したとしてもウイルス量がある程度は抑えられて症状がでない「発症予防効果」。そして発症したとしても「重症化するのを抑える効果」などです。これらの効果があるか、臨床試験などで調べられています。

　ワクチンは異物を体内に入れるので、どうしても副反応も起こると言われています。米CDC疾病予防管理センターがファイザーのワクチンを接種した1200万人以上の副反応についてレポートを出しています。接種後1週間以内に見られた副反応は、接種した所の痛み、だるさ、頭痛、筋肉痛など様々です。また、1回目より2回目接種の後の方が副反応の割合が多いことがわかります。また、最近、ニュースなどで「アナフィラキシー」という言葉をよく聞くかと思います。これはひどいアレルギー症状で、例えば全身のじんましんとせきが組み合わさるなど様々な症状の組み合わせがありえます。

　アレルギーのある人は注意が必要ですが、ぜんそく・花粉症、アレルギー性鼻炎などのアレルギーは接種可能といわれています。アナフィラキシーは適切に対処できるので、ともかくワクチン接種前にアレルギーがあれば、きちんと伝えることが大切になります。

NHK くらし解説에서 발췌

생각해봅시다

Q1. 백신 접종으로 기대할 수 있는 효과는 무엇입니까?
Q2. 아나필락시스란 무엇이며 어떤 증상이 나타납니까?

Key Word

ワクチン　백신　｜　米CDC(疾病予防管理センター)　미국 질병통제예방센터 (CDC)　｜　アナフィラキシー　아나필락시스　｜　じんましん　두드러기　｜　ぜんそく　천식　｜　花粉症　꽃가루 알레르기　｜　アレルギー性鼻炎　알레르기성 비염

3 대사증후군

　최근 30~40대 남성과 50대 이상의 여성들 사이에 대사증후군이 급증하면서 건강에 빨간불이 켜졌습니다.

　대사증후군은 내장지방형 비만으로 고혈압이나 고혈당 등의 증상이 함께 나타나는 상태를 말하는 것으로, 이는 식습관이나 운동부족, 흡연에 의한 것으로 알려져 있습니다.

　30~40대 남성의 경우 인스턴트 식품과 육류, 폭식과 같은 잘못된 식습관과 더불어 과도한 흡연과 운동부족 등에 의해 대사증후군 발생률이 높아지고 있습니다.

　반면 50대 이상 여성들은 기초대사량 감소에 따른 체지방 증가가 가장 큰 원인으로 꼽힙니다. 이처럼 대사증후군을 호소하는 사람들에게는 식탁 위의 작은 변화가 큰 효과를 가져옵니다. 예를 들어 한국인이 거의 매일 먹는 쌀밥을 100% 현미로 바꾸고 균형 잡힌 식단을 유지한다면 운동할 시간이 없는 사람들도 증상이 어느 정도 개선됩니다.

생각해봅시다

Q1. メタボリックシンドロームとは何ですか。
Q2. 50代以上の女性がメタボリックシンドロームにかかる最も大きな原因は何ですか。
Q3. メタボリックシンドロームの症状を改善できる方法を書きなさい。

Key Word

メタボリックシンドローム、メタボリック症候群(しょうこうぐん)、メタボ　대사증후군
内臓脂肪型肥満(ないぞうしぼうがたひまん)　내장지방형 비만　｜　高血圧(こうけつあつ)　고혈압　｜　高血糖(こうけっとう)　고혈당
発症率(はっしょうりつ)　발병률　｜　基礎代謝量(きそたいしゃりょう)　기초대사량　｜　献立(こんだて)、メニュー　식단

One Point Advice

人間ドック란?

일본에서는 종합검진을 総合健診(そうごうけんしん) 또는 人間ドック라고 합니다.

人間ドック라는 표현의 유래는 무엇일까요? 선박을 건조 또는 수리하는 곳을 dock(독)이라고 하며 다음 항해 때 사고가 나지 않도록 점검하기 위해 독에 배를 집어넣는데 여기서 유래된 표현이라고 합니다.

또한 하루 전부터 금식을 하는 경우가 있는데 이때 금식은 絶食(ぜっしょく), 絶飲食라고 합니다.

7 IT·과학

1 사이버테러

최근 들어 곳곳에서 동시다발적인 대규모 해킹이 잇따르고 있습니다. 한국은 몇 차례의 해킹 공격으로 인해 방송, 금융과 정부 기관들이 마비되는 사건들을 겪었습니다.

이런 사이버 테러를 막는 정보 보안 전문가를 이른바 '화이트 해커'라고 합니다. 화이트 해커는 개인적인 목적으로 인터넷 시스템의 정보를 빼내는 일반 해커와 달리, 서버의 약점을 연구해 해킹을 막는 전략을 세우는 정보보안 전문가입니다.

모든 생활이 인터넷에 연결된 오늘날, 국가의 주요기관을 공격하는 사이버 테러가 벌어진다면 사회는 큰 혼란에 빠질 것입니다. 특히 생활에 꼭 필요한 전기를 생산하는 원전시설이 해킹을 당하면 큰일입니다.

이에 교육부가 사이버 테러에 대응하기 위해 컴퓨터에 비상한 재능을 가진 청소년부터 석·박사급 전문가까지 핵심 인재를 키워 '화이트 해커' 육성에 힘을 쏟는다고 합니다. 이런 기술이 좋은 일에 사용된다면 총칼 없는 사이버 전쟁에서 나라를 지킬 수도 있을 것입니다.

생각해봅시다

Q1. ホワイトハッカーとハッカーの違いは何ですか。
Q2. 教育部ではサイバーテロに対応するためどんな対策を立てていますか。

Key Word

| ハッキング　해킹　|　サイバーテロ　사이버 테러
| ホワイトハッカー　화이트 해커　|　サーバ、サーバー　서버
| コア人材(じんざい)　핵심인재

2 배달 로봇

A: 자동차나 자전거가 교차하는 교차로를 건너는 배달 로봇. 거리를 사람과 로봇이 나란히 걸어가는 시대가 곧 도래할지도 모릅니다.
(통역)
B: 配送ロボットといいますと、これまでホテルや商業施設の中で荷物を運んでくれるものはあったんですが、あくまでも私有地の中でのサービスでした。これに対し今、企業各社が相次いで実験をしているのは、これまでは法律上許されていなかった公道、つまり街なかを移動して、食料品などを配達するロボットです。
(통역)
A: 왜 회사들은 이런 비즈니스에 참여하려 하나요?
(통역)
B: 最大の理由は、「人手不足」対策です。ネットショッピングの普及で、宅配便の数も年々増える中、配達をしてくれる人手の確保は、ここ数年、課題となってきました。また、お米とか、水など、自分で運ぶには重たいものを注文する人も多く、配達員の負担にもなっているそうです。ロボットが使えれば、重いものはロボットが、軽いものは人間が運ぶといったことも可能になります。
(통역)
やはり最も重要なのは、交通上の安全です。各社のロボットは歩道を走ることも考えられています。このため、長さ120センチ、幅70センチ程度の大きさで、速さは時速6キロ以下というのが一つの目安となっています。ちなみに、時速6キロといいますと、人間の早歩きよりは、やや早く、自転車にくらべると、かなりゆっくりとしたスピードです。不測の事態が起きないか。また起きた場合の対応をどうするか。実証実験を確実に行なった上で、検証することが重要です。
(통역)
A: 인구가 감소하고 있고 신종 코로나바이러스가 확산되는 가운데 배

달 로봇의 활용에 기대가 커지고 있습니다. 과제를 극복하면서 실현을 위해 꾸준히 노력해 주길 바랍니다.
(통역)

NHK くらし解説에서 발췌

생각해봅시다

Q1. 배달 로봇 사업에 많은 회사가 참여하려 하는 이유는 무엇입니까?
Q2. 배달 로봇 개발에서 중요한 것은 무엇입니까?

Key Word

公道(こうどう) 공공도로 | 参入(さんにゅう)する 참가하다, 진출하다 | 人手(ひとで) 일손, 인력
不測(ふそく)の事態(じたい) 예측불허의 사태, 뜻밖의 사태

3 우주탐사

A: 구소비에트연방의 우주비행사 가가린이 인류 최초로 우주비행을 한 지 올해로 60년을 맞이합니다. 세계에 위신을 떨쳐온 러시아의 우주개발, 그 위치가 바뀌려 하고 있습니다. 가가린하면 '지구는 푸른 빛깔이었다'라는 말로 유명하죠.

(통역)

B: それまで誰も、地球を見た人はいませんでした。ガガーリンが宇宙飛行を達成したのは、60年前の4月12日。冷戦時代、アメリカに先んじた歴史的な偉業として、ガガーリンは今でもロシアで英雄視され、国際的にも12日は「世界宇宙飛行士の日」となっています。

(통역)

A: 그로부터 60년, 러시아는 우주개발을 어떻게 추진하고 있습니까?

(통역)

B: 30年前、ソビエト崩壊で一時苦境に立たされましたが、国際宇宙ステーションの運営で中心的な役割を担いました。そして10年前、アメリカのスペースシャトルが退役したあとは、宇宙ステーションとの間の人の往復はロシアが独占してきました。

(통역)

しかし去年、アメリカが「クルードラゴン」と呼ばれる民間の有人宇宙船による飛行を再開し、独占が崩れました。さらに「宇宙強国」を目指す中国も開発を加速させています。今やロシアの人工衛星の数やロケットの発射回数は、アメリカ、中国についで世界3位。新たな技術開発は進まず、中国の勢いに押され、この分野でのロシアの優位性は薄れつつあります。

(통역)

A: 향후 러시아는 어떻게 하려고 하나요?

(통역)

B: 各国が力を入れる月の探査計画で、中国と協力していくことです。先月、中ロ両国は、将来、人が月に滞在することも視野に入れて、

新たな研究拠点の建設に向けて協力することで合意しました。月探査では、アメリカが主導して日本、ヨーロッパも参加する「アルテミス計画」があり、これと対抗していくねらいがあると見られています。国際政治と同じように、中国・ロシアとアメリカ・日本・ヨーロッパで競い合うという構図となっています。ただロシアは、宇宙分野ではアメリカや日本とも協力し、今後もそれは続きそうです。

(통역)

一方、中国とアメリカの間では、宇宙をめぐっても覇権争いとも言える激しいせめぎ合いを続けることになりそうで、宇宙開発に力を入れる日本も決して無縁ではありません。

(통역)

NHK おはよう日本에서 발췌

생각해봅시다

Q1. 우주정거장 운영에서 러시아의 독점체제가 붕괴된 계기는 무엇입니까?
Q2. 달탐사를 둘러싼 세계 경쟁 구도는 어떻게 되어 있습니까?

Key Word

| ガガーリン　유리 가가린　|　宇宙ステーション　우주정거장
覇権争い　패권싸움　|　せめぎ合い　대항

One Point Advice

クルードラゴン (크루 드래건, Crew Dragon)
크루 드래건(Crew Dragon)은 미국 민간 우주탐사 기업 스페이스X가 개발한 첫 민간 유인 우주입니다. 이것으로 민간 우주탐사, 우주 왕복 시대의 문을 열었습니다. 테슬라 창업자인 일론 머스크가 설립한 스페이스X는 2010년부터 무인 우주선 '드래건'을 개발하여, 발사해 왔습니다. 크루 드래건은 지난 2014년에 공개된 '드래건 2호'의 두 가지 버전 가운데 하나로, 최대 7명을 태울 수 있습니다.

2020년 5월 30일(현지 시간)에 미국 플로리다 커내버럴 기지에서 발사되어 19시간의 비행을 거쳐 국제 우주정거장(ISS) 도킹에 성공하였습니다. 크루 드래건에는 미국 항공우주국(NASA) 소속 우주 비행사 더글러스 헐리와 로버트 벵컨이 탑승하였습니다. 이들 두 우주인은 62일 동안 국제 우주정거장(ISS)에 머물면서 연구 활동을 진행한 후 지구로 귀환하였습니다.

アルテミス計画 (아르테미스 계획, Artemis Program)
2017년 시작된 NASA, 유럽 우주국, JAXA, 대한민국 과학기술정보통신부, 호주, 캐나다, 이탈리아, 룩셈부르크, 영국, 아랍 에미리트, 우크라이나, 뉴질랜드 등이 참여하는 유인 우주 탐사 계획.

VI 통역사 되어 보기

실제 통역사는 통역에 대비하여 어떻게 준비를 하는지 H상의 하루를 통해 알아봅시다.
주어진 텍스트를 이용해 실제 통역사가 된 것처럼 통역 연습을 해봅시다.

0 통역사 H상의 하루

통역 2주일 전

통역대학원 학생인 H상은 통역 의뢰를 받았다. 2주일 후에 있을 일본주최의 관광 상담회 통역이다. 본인이 맡은 부스는 ○○현이라는 것을 미리 전달받았지만 다른 자료는 받지 못했다.

통역 1주일 전

처음 하는 일이라 무척 긴장이 되기에 당일에 어떻게 진행될 지를 머릿속에 그려본다. 자신이 맡은 ○○현에 대해 지식이 없기에 먼저 홈페이지를 살펴보며 지리적인 특성, 유명 관광지, 특산품 등을 알아보고 공부해 둔다. 한국어로 바꾸기에 어려운 표현은 없는지 체크해 본다.

당일 방문하는 사람들은 어떤 사람들인지, 어떤 얘기를 주고받을지 생각해 본다. 방문하는 사람들은 주로 여행사 담당자들이라는 것을 들었기에 여행사에서 주로 쓰는 용어나 표현엔 어떤 것이 있는지 인터넷으로 검색해본다. 일본 상품을 취급하는 여행사도 찾아보고 자신이 담당한 현에 대한 상품은 어떤 것이 있는지 살펴본다.

통역 당일

주최측에서 통역 30분 전까지 상담회장에 도착할 수 있도록 해달라는 연락을 받았기에 통역 1시간 전까지 도착할 수 있도록 여유 있게 준비를 하고 나간다. 통역사가 시간에 늦는다는 것은 있을 수 없는 일이고, 신뢰를 깨는 일이기 때문에 항상 여유 있게 가는 습관을 들이도록 한다. 통역에 필요한 메모장, 볼펜을 꼭 챙기고 명함과 공부한 자료를 챙겨간다.

복장은 편안한 차림이라고 얘기를 들었지만 아무리 편한 복장이라고 해도 청바지는 일할 때 입는 복장으로는 적합하지 않기 때문에 세미정장으로 갖춰 입고 간다.

통역 1시간 전

여유 있게 도착하여 미리 회장을 둘러보고 주최측에 인사를 하고 담당부스에 갔더니 마침 담당자가 와 있었다. 명함을 교환하고 잘 부탁한다는 인사를 한다. 명함을 보고 소속과 직함, 이름을 확인한다. 상대방의 이름을 잘못 부르는 실수를 하지 않기 위해 잘 확인해 두어야 하기 때문이다. 통역에 필요한 메모장과 볼펜을 챙겨, 담당자에게 오늘 주로 어떤 사람들이 오고, 어떤 내용을 설명할 것인지, 사전에 잡힌 상담 스케줄은 어떻게 되어있는지 확인한다. 다행히 담당자는 친절하게 ○○현의 특징에 대해 설명을 해준다. 마침 공부해 온 내용이 있어 크게 어렵지 않았다.

1 관광 상담

田中: こんにちは。私は○○県観光コンベンションビューローの田中と申しました。

(통역)

김관광: 안녕하세요. 저는 ○○여행사 일본상품 담당 김관광이라고 합니다.

(통역)

田中: 今日はこのように私共のブースにお越しいただきありがとうございます。今回本相談会に参加したのは、我が○○県の魅力を知ってもらい、韓国からより多くの方にお越しいただくためです。合わせてこの春展開しているプロモーションをご紹介したいと思います。

(통역)

김관광: 아! 프로모션이 있군요. 먼저 간략하게 저희 회사를 소개해 드리겠습니다. 저희 회사는 설립 18년 차의 일본 전문 여행사로 주 고객층은 FIT 여행을 즐기는 분으로 호텔수배부터 시작하여 항공편, 현지 주요시설 티켓까지 판매하고 있습니다. 저희 회사의 일본 상품은 단체 여행상품이 70%, FIT 상품이 30%를 차지하고 있습니다.

(통역)

田中: ご紹介ありがとうございます。それでは○○県についてはご存じでしょうか。

(통역)

김관광: 네 잘 알고 있습니다. 저희 회사에서 작년 1년간 300명을 송객할 정도니까 어느 정도는 알고 있습니다. ○○현은 지금 한국에서 인기가 아주 많은 지역입니다.

(통역)

田中: そうでしたか。それはそれはどうもありがとうございます。実際、○○町を歩いていると韓国の方々をよく見かけます。それは多くの韓国の方々にお越しいただいているという証でしょう。そ

れで、今回は桜の名所をご紹介したいと思います。
(통역)
김관광: 오~기대되네요.
(통역)

Key word

旅行会社·旅行代理店(りょこうがいしゃ·りょこうだいりてん)　여행사　|　FIT(えふあいてぃー)　자유여행
団体旅行(だんたいりょこう)·ツア商品(しょうひん)　단체여행, 패키지 여행상품
格安航空券(かくやすこうくうけん)(LCC)　저가항공티켓　|　周遊(しゅうゆう)チケット　일주 티켓
繁忙期(はんぼうき)　성수기　|　閑散期(かんさんき)　비수기

'통역사 H상의 하루'를 통해 통역사가 통역 의뢰를 받은 후 어떻게 준비하는지 알게 되었을 것 같습니다.

지금부터 나오는 텍스트 역시 통역 현장에서 접할 수 있는 실제 상황을 바탕으로 구성하였습니다. 통역사가 되었다 생각하고 실제처럼 순차통역을 해 보세요.

2 비즈니스 상담

　제품 구입을 위한 비즈니스 상담 장면입니다. 한국인과 일본인이 대화하는 텍스트이므로 각각 발언이 끝날 때 통역을 해 봅니다.

2-1

김한국: 안녕하세요. 먼 길 오시느라 고생 많으셨습니다.
田中: こちらこそ。貴重なお時間を割いていただきありがとうございます。先日、展示会で御社の製品を見て、ちょうど弊社で探していた製品でしたので本日うかがいました。
김한국: 이렇게 찾아주셔서 감사합니다. 저희 제품이 마음에 드셨다니 기쁩니다.
　이 제품은 저희가 오랜 기간 연구 개발한 것으로 타사의 제품과는 견줄 수 없을 만큼 성능이 뛰어난 제품이라고 자부하고 있습니다.
田中: ええ、当社といたしましても、かねてから貴社の製品には関心を持っておりました。それで、実際わが社の製品に適用できるか、製品の寸法と適用範囲や価格などが知りたいですが。
김한국: 네, 그러실 줄 알고 저희 제품의 규격과 적용가능한 조건, 오퍼 가격을 작성한 자료를 준비해 두었습니다. 여기 있습니다.
田中: あ、用意してくださいましたね。ありがとうございます。
　そして、見本をいただくことはできるんでしょうか。
김한국: 네 물론이죠. 언제까지 필요하신가요?
田中: 今月内にいただければと思います。
김한국: 그럼 선편으로 보내드려도 될까요?
田中: はい、いいですよ。ところが、この表に書かれている価格はFOBでしょうか。CIFでしょうか。
김한국: 아, 중요한 것을 적지 않았군요. 죄송합니다. 그 가격은 CIF오사카입니다.
田中: そうですね。承知しました。ちょうど弊社は大阪にありまして、

大阪港を主に利用しています。見本を送っていただいたら、弊社の製品への適用可能性を内部的に検討した上、改めてご連絡致します。

김한국: 네 잘 알겠습니다. 아무쪼록 잘 부탁드립니다.

혹시 이후에 일정이 없으시면 근처에 맛있는 한정식 집이 있어서 그곳에서 저녁식사를 대접하고 싶은데요, 괜찮으십니까?

田中: 実は、韓定食大好きなんです。お誘いありがとうございます。それでは、お言葉に甘えて食事をしながらもっとお話ししたいです。

Key Word

CIF 가격	수출입 상품의 운임·보험료를 포함한 가격, 즉 도착항까지의 인도가격
FOB 가격	본선인도가격. 출발항구에서 선박에 선적될 때까지 발생하는 비용이 포함된 가격

다음 텍스트는 일본의 국제운송사 A사의 담당자가 한국의 타이어 회사인 T사를 방문해 영업을 하는 상황입니다. 만약 통역사가 사전에 구체적인 자료를 받지 못했다면, 통역사는 A사와 T사의 기업정보 및 관련 기사 등을 찾아보고 이슈가 될 만한 내용을 숙지합니다.

2-2

どうも初めまして。国際複合輸送に特化したA社で営業を担当しております木村と申します。

お忙しい中、お時間を割いていただき、ありがとうございます。

今回、訪問に至った理由は、1年前に新設した日本のB港について紹介するためです。

M県は1年前に、M県北部のC市に新しく巨額のお金を使って国際港を作りました。我々会社はその国際港の真ん中に、営業所を新設いたしました。

今までM県と我々会社が一生懸命営業をしてきましたが、無名の港のため成績はよくないです。

そこで、日本のタイヤの需要を調べてみました。その結果、京都や大阪、名古屋などの需要が少なくない、ということが分かりました。

すでにご利用されている港があると思いますが、これを機にB港に一度目を向けていただけたら幸いです。

ご参考までに、来月からはフェリーが韓国の東海からB港に就航することになります。

それでは、今からPPTをご覧いただきながら、もう少し詳しく説明いたします。

Key Word

| 国際複合輸送（こくさいふくごうゆそう） 국제복합운송 | 国際港（こくさいこう） 국제항구 | 港（みなと） 항구 |
| 需要（じゅよう） 수요 | 目を向ける（めをむける） 관심을 갖다 | 就航（しゅうこう） 취항 |

3 제조 현장 시찰

일본에 본사를 둔 다양한 분야의 회사들이 한국 업체에 OEM이라는 방식으로 생산을 위탁합니다. OEM(original equipment manufacturing)이란 주문자 상표 부착 생산을 뜻하며, 설계나 기획 등을 제외한 오로지 생산 만을 위탁하는 방식입니다. 위탁 생산을 의뢰한 기업은 주기적으로 수탁 생산 공장을 방문해 제조 과정을 시찰하는데, 이때 통역사가 공장 시찰을 함께 하는 경우가 종종 있습니다.

아래는 클라이언트가 현지 제조 공장을 시찰한 후 개선점에 대해 코멘트하는 상황입니다.

　皆さん、今日も一日、お疲れさまでした。
　今日、製造現場を確認しましたが、前回の要請事項は大体よく守られていました。ただ、クリーンルームとエアシャワー室の場合、いくつか注意が必要だと思います。
　まず、クリーンルームについて申し上げます。
　クリーンルームの場合、まず、クリーンルーム用靴を履く場所と事務所用靴を脱ぐ場所を徹底して分けてください。同じエリアで靴を履き替えると、汚染される恐れがあります。
　そして、作業者以外、訪問者もやはりクリーンルーム用靴を履くようにしてください。今は、訪問者はスリッパにオーバーシューズを着用していますが、オーバーシューズが破れたり、外れたりした場合、トイレに入室した可能性のあるスリッパでクリーンルーム床を汚してしまいます。
　次に、エアシャワー室について申し上げます。
　エアシャワーを設置した理由は、防塵服に付着している異物を排除するためです。 吹き出し時間を5秒、そしてMAX(マック

ス)4人まで入るようにしていますが、このように決めた根拠は何でしょうか。確実な根拠、つまり正確なデータを示してほしいです。

　そして、エアシャワー室に入る前に、粘着ローラーで大まかな汚れを除去するのが重要ですが、順守していませんでした。

　次回まで、この二つの注意事項を改善してください。

　ありがとうございます。

Key Word

クリーンルーム　클린룸	オーバーシューズ　덧신
エアシャワー　에어 샤워	防塵服(ぼうじんふく)　방진복
吹き出し時間(ふきだし)　바람이 나오는 시간	粘着ローラー(ねんちゃく)　테이프 클리너

4 사회

　사회 통역의 경우 정해진 인사말과 주로 사용하는 표현들을 익혀두면 당황하지 않고 통역할 수 있습니다.
　다음 행사 대본을 바탕으로 실제 통역사가 된 기분으로 사회 통역 연습을 해봅시다.

　다음 텍스트는 관광 소재 설명회부터 오찬회까지 이어지는 행사의 사회자 대본입니다. 대본을 통해 행사의 흐름을 함께 익혀 봅니다.

4-1

　오늘은 바쁘신 가운데 'ㅇㅇㅇ설명회'에 참석해 주셔서 감사합니다. 저는 오늘 사회를 맡은 ㅇㅇㅇ라고 합니다. 잘 부탁드립니다.
(통역)
　그럼 지금부터 'ㅇㅇㅇ설명회'를 시작하겠습니다.
　먼저 주최 측을 대표하여 ㅇㅇㅇ협회 다카하시가 인사 말씀 드리겠습니다.
(통역)
　그럼, 여기에서 오늘의 일정을 설명 드리겠습니다. 오늘 행사는 2부로 구성되어 있습니다.
　제1부 관광 소재 설명회에서는 2019시즌의 프로모션에 관하여 ㅇㅇ현에서 프레젠테이션을 준비하였습니다. 약 20분간 진행될 예정입니다.
　이어서 제2부에서는 오늘 참석해주신 여러분과 친목을 다지고자 오찬회를 준비하였습니다.
(통역)
　그럼 프레젠테이션에 들어가겠습니다. 앞쪽의 스크린을 봐주십시오.
(통역)
　이것으로 프레젠테이션을 마치겠습니다. 이어서 오찬회는 ㅇㅇㅇ룸에서 열릴 예정입니다. 접수 시에 나눠드린 자리 배치표를 참고하시어 자리에 앉아주십시오.
(통역)
 지금부터 오찬회를 시작하겠습니다. 먼저 주최 측을 대표하여 ○○○협회 하야시 이사가 인사 말씀 드리겠습니다.
(통역)
 이어서 내빈 인사 말씀이 있겠습니다.
(통역)
 식사는 뷔페로 준비되어 있습니다. 식사하시면서 환담을 나누시길 바랍니다.
(통역)
 오찬회도 이제 예정된 시간이 다 되었습니다.
 오늘은 ○○○설명회에 참석해주셔서 감사합니다. 잊으신 물건 없으신지 한 번 더 확인 후 돌아가시길 부탁드리겠습니다. 감사합니다!
(통역)

이번 텍스트는 일본의 한 배우가 영화 개봉 기념 이벤트에 참석하기 위해 한국에 온 상황을 설정한 것입니다. 이 때 통역사는 무대위에서 일본인의 발언은 물론 사회자의 한국어 진행 멘트 또한 통역해야 합니다. 사회자의 멘트를 통역할 때는 통역사가 MC는 아니지만 자신도 사회자가 되었다 생각하고 평소보다 높은 어조로 무대 전체에 잘 전달되도록 합니다.

4-2

사회자: 오늘 바쁘신 가운데 참석해 주셔서 진심으로 감사드립니다.
　　　시작에 앞서 안내 말씀드립니다.
　　　본 행사의 일체의 촬영 및 녹음, 녹화를 금지합니다. 또, 행사장 내는 금연입니다.
　　　이점 양해 부탁드립니다.
(통역)
　　　잠시 후 4시부터 본 행사가 시작됩니다. 자리에 앉아 기다려 주십시오.
(통역)
　　　여러분 안녕하십니까. 정시가 되었으니 행사를 시작하겠습니다.
　　　오늘 사회를 맡은 ○○○입니다. 잘 부탁드립니다.
(통역)
　　　그러면 오늘 행사를 위해 일본에서 와 주신 田中씨를 무대위로 모시겠습니다.
　　　田中씨, 어서 오십시오. 우선 장내에 계신 여러분들께 인사 말씀 부탁드립니다.
(통역)
田中: 皆さん、こんにちは。田中です。素敵なイベントにお招きいただきありがとうございます。韓国には初めて来ましたが、昨夜食べた焼肉がすごくおいしかったです。今日は宜しくお願いします。
(통역)
사회자: 네 감사합니다. 그러면 본론으로 들어가 이번에 출연하신 작품에 대한 이야기를 나눠보고 싶은데요. 이쪽으로 착석 부탁드립니다.

(작품에 대해 이야기 나눔)
(통역)
사회자: 계속 이야기를 나누고 싶지만, 아쉽게도 마무리할 시간이 되었습니다. 田中씨 중앙으로 이동해 주시겠습니까?
(통역)
　여러분, 이번 작품도 많은 기대 부탁드리며, 바쁘신 가운데 일본에서 와 주신 田中씨께 성대한 박수 부탁드립니다.
(통역)
　(田中씨 퇴장)
　참석하신 분들께 안내 말씀드립니다.
　행사장을 나가실 때 사용하신 동시통역 리시버는 안내 데스크에 반납해 주십시오. 감사합니다.
(통역)

번역 및 해답

제2부 실전편

I 통역 트레이닝

예문1

한 연구소가 눈을 깜빡이거나 미간을 찡그리는 등 인간과 같이 풍부한 표정을 짓는 로봇을 개발하였습니다. 그 이름은 바로 '액트로이드 F'입니다.

이 연구소의 연구팀은 인간과 대화 할 수 있는 로봇을 수년 전부터 연구해 왔습니다. 그리고 마침내 실리콘으로 만들어진 얼굴의 피부를 미세하게 움직여 풍부한 표정을 만들어 내는 것에 성공하였습니다.

눈을 깜빡이거나 미간을 찡그리는 등의 표정은 컴퓨터로 조작하게 되어 있습니다. 게다가 상대방의 표정이나 움직임을 카메라로 찍어 똑같이 재현할 수도 있습니다.

예문2

ご来賓の皆様、おはようございます。

ただいまご紹介にあずかりました主催側代表の△△△と申します。

早朝から雨でお足元の悪い中、遠いところからお越しいただき誠にありがとうございます。

○○○○会議は、1998年から韓国と日本で持ち回りで開催しており、今年で10回目を迎えました。

このような意義深い年に主催側の代表を務めさせていただき、心よりお喜び申し上げます。

今度の会議は、皆様におかれましても有意義な会議になりますよう、心より祈念申し上げます。

예문3

한국의 문재인 대통령과 북한의 김정은 위원장은 2018년 4월 27일 판문점에서 정상회담을 가졌습니다.

예문4

정부는 2050년 온실가스 순배출을 '0'으로 하겠다는 목표를 내걸었습니다. 또한 정부는 이를 실현하기 위해 태양광 발전 용지 확보 등 다양한 대책을 검토하고 있습니다.

예문5

재생의료나 유전자 치료 등의 향후 연구 개발의 이상적 방향에 대해 논의하는 정부 협의회가 28일 중간보고안을 마련했습니다. 협의회는 중간보고안에 임상 과제를 기초 연구로 이어가는 제도 마련과 연구의 기반이 되는 인재 육성 강화 등의 검토 과제를 제시했습니다.

예문7

오늘은 지난주에 이어 트랜스지방산에 대해 말씀드리겠습니다.

최근에 트랜스지방산이라는 말을 자주 듣습니다. 이것은 도대체 무엇일까요?

그런데 여러분들은 과자나 빵 같은 것을 자주 드시나요?

네, 그렇습니다.

트랜스지방산은 마가린이나 과자를 만들 때 사용되는 '쇼트닝'이라는 기름 등에 포함되어 있는 지방성분으로, 이것을 지나치게 많이 섭취하면 심근경색이나 동맥경화에 걸릴 위험이 높아진다고 하죠.

그러므로 정부는 국민 건강을 위해 식품사업자에게 트랜스지방산의 비율을 표시하도록 유도할 방침입니다.

II 통역 스킬 키우기 (1)

[문제 1 번역]

　今年のフォーラムのテーマは「サステイナブルな創意性」です。ところで、フォーラムのテーマをこのように決めた理由は何でしょうか。
　現代社会は、一人のクリエイティブな人材が数千万人を支えるクリエイティブな産業時代だと言われています。ところが一人のクリエイティブな人材は、実は多くのクリエイティブな仲間たちがいるからこそ生まれることができたと思います。創意性は仲間と社会への献身的な心がある時完成されるのではないでしょうか。
　従って私たちは「スティーブ・ジョブズのクリエイティブな起業家精神とマザーテレサの献身的な奉仕精神の結合が必要だ」という言葉に共感します。サステイナブルな創意性は、「成功を意味するクリエイティブな活動」と「共に生きる喜び」が前提になるべきだと思います。

[문제 1 답]

　「スティーブ・ジョブズのクリエイティブな起業家精神とマザーテレサの献身的な奉仕精神の結合が必要だ」という言葉。

[문제 2 번역]

　みなさん、お帰りなさい。
　今日一日、いかがでしたか。
　充分楽しめましたか。
　それでは、バスがホテルに着くまで皆様がリラックスできるような音楽をご用意してみましたので、どうぞお聞きください。
　では皆様、最後までごゆっくりお楽しみください。
　どうもありがとうございました。

[문제 2 답]

　「バスがホテルに着くまで皆様がリラックスできるような音楽ををご用意してみましたので、どうぞお聞きください」と勧めました。

[문제 3 번역]

　うちの子は今小学校4年生です。
　幼稚園の時は友達思いの子だったのに、小学校に入ってから自信を無くし、臆病になってきました。だからなのか友達とうまくいかないんです。
　私がいくら愛情表現をしても、すこしでも気に入らないとすぐ気を悪くするし、しょっちゅうダダをこねます。
　また、初めての場面には不安を感じるみたいです。学年が上がったり塾を変えたりするとうまくその場になじめません。
　私はおっとりした方ですが、にもかかわらず子供のわがままを許すことができないんです。
　どうすればいいでしょうか。

[문제 3 답]

　幼稚園の時は友達思いの子だったのに、小学校に入ってから自信を無くし、臆病になってきました。それで友達とうまくいきません。

[문제 4 번역]

　乾燥肌なので、潤いがあって保湿力の高い化粧水と乳液を探しています。
　それと、くすんでいるお肌をつやとハリのあるお肌に取り戻せる化粧品の中でお勧めはありますか？
　普段、ストレスも多く睡眠不足で週末になると寝だめをするんですが、そうすると肌トラブルがよりひどくなる感じです。

[문제 4 답]

乾燥肌なので、潤いがあって保湿力の高い化粧水と乳液を探しています。

III 통역 스킬 키우기 (2)

[문제 5 번역]

저는 고등학교 3학년입니다. 도쿄도내에 있는 사립 고등학교에 다니고 있습니다.

제가 태어난 곳은 후쿠오카입니다. 초등학교 때 아버지의 전근으로 도쿄로 이사했습니다. 아버지는 전근이 잦아 제가 중학교에 입한 한 이후에는 근무지 근처에서 혼자 생활하고 계십니다.

대학에 들어가면 혼자 자취하고 싶습니다. 그래서 지금 아르바이트를 하며 돈을 모으고 있습니다.

저에게는 언니가 한 명 있습니다. 언니와는 13살이나 터울이 집니다. 언니는 작년에 사법시험에 합격하고 변호사 사무실에서 근무하고 있습니다.

전문직에 종사하는 언니가 정말 멋있어 보입니다. 그래서 저도 전문직에 종사하고 싶습니다.

이다음에 저는 동시통역사가 되고 싶습니다. 그러기 위해서는 통역을 전문적으로 공부할 수 있는 학교에 들어가야 합니다. 지금부터 열심히 공부해서 반드시 국제회의 통역사가 되겠습니다.

[문제 5 답]

초등학교 때 아버지의 전근으로 도쿄로 이사했습니다. 아버지는 전근이 잦아 제가 중학교에 입한 이후에는 근무지 근처에서 혼자 생활하고 계십니다.

[문제 6 번역]

며칠 전 도쿄도 세타가야구에서 32살의 독신 남성이 자신의 아파트에서 수개월 전에 고독사한 사실이 드러났습니다.

이처럼 젊은 세대로 확산되고 있는 고독사 때문에 '무연고 사회'라는 말이 화제가 되고 있는데 가족이나 고향, 회사와의 관계가 급속하게 단절되어 가는 사회를 '무연고 사회'라 합니다.

무연고사회의 배경으로는 불황으로 불안정한 사회 속에서 좀처럼 결혼을 결심하지 못하거나 반대로 독신 생활을 즐기고자 결혼하지 않는 젊은이가 증가하고 있는 것이 요인으로 생각됩니다.

이유야 어찌되었든 사회적 유대관계가 희박해지면서 '무연고 사회' 문제가 심각성을 더해 가고 있습니다.

이번 고독사는 이와 같은 문제의 심각성을 다시 한번 일깨워주고 있습니다.

[문제 6 답]

가족이나 고향, 회사와의 관계가 급속하게 단절되어 가는 사회를 '무연고 사회'라 합니다.

[문제 7 번역]

기자: どうも初めまして。インターネット日報の記者、金と申します。
나카무라: 안녕하세요. 처음 뵙겠습니다.
기자: それでは早速質問に入ります。
나카무라: 네. 잘 부탁드립니다.
기자: この度はどのようなお仕事で韓国を訪れましたか。
나카무라: 내일 모 문학포럼이 열리는데 패널 겸 발표자로 참석하기 위해 왔습니다.
기자: 東大出身の天才作家の中村さん。初小説で芥川賞を受賞されましたが、あの時のご感想をお聞かせください。
나카무라: 믿을 수 없었습니다.
기자: 韓国にも多くの読者がいますが、韓国語で翻訳されたご自身の本についてどのように思われますか。
나카무라: 제가 한국어를 몰라 뭐라고 대답할 수는 없습니다만, 번역할 때 어려운 부분은

역자나 출판 담당자와 의논하면서 진행했으니 좋은 번역이 되었으리라 생각합니다.
기자: 今回のフォーラムではどのようなテーマでご発表されますか。
나카무라: 책에 대해서입니다. 인터넷이 보급되며 정보량이 방대하게 늘어났습니다. 게다가 난무하는 정보는 옥석이 뒤섞여 좋은 글을 가려내기가 쉽지 않습니다. 책은 이런 사회에 살고 있는 우리들에게 천천히 시간을 내어 읽어야만 하는 좋은 글이라 생각합니다.

[문제 7 답]

책은 옥석이 뒤섞인 방대한 정보 속에 살고 있는 우리들이 천천히 시간을 내어 읽어야만 하는 좋은 글이라고 생각합니다.

[문제 8 번역]

みなさん、こんにちは。
本日は「韓日和解」について一緒に考えてみたいと思います。
まず、二つのキーワードを挙げます。
一つ目は「歴史的な事実をめぐる認識」、二つ目は「相互理解」です。
では、歴史的な事実を認識するためにはどうすればいいでしょうか。大切なのは歴史認識をめぐる溝を埋めることです。相手の異なる考えに目をつぶらず、これを乗り越えてほしいんです。そのためには古いナショナリズムから抜け出しましょう。特に、政治家の「謝罪」とその謝罪を覆す「翻し」が繰り返されて、問題をさらに膨らましてきたことに気づいてもらいたいです。
次に、相手を理解するための努力が必要です。相手の暮らしに直接触れて互いの交流を深めていくことです。そのために最も重要なのは、政府や企業レベルではなく民間の交流である「草の根交流」です。
このように両国が歴史的な事実を客観的に見つめ、それに基づいて相互理解の場を活発に設けると、両国の和解はよりスムーズに進むと思います。

[문제 8 답]

「歴史的な事実をめぐる認識」と「相互理解」

Ⅳ ST연습

(1) 하늘을 나는 풍력발전

　未来の再生可能エネルギーとして、世界中で様々な研究が行われています。今回紹介する「空飛ぶ風力発電」は、より効率の良い、より実用的なものを目指して研究が進められています。
　まず、グーグルの持ち株会社であるA社の子会社は空を飛ぶ風力発電である「風力発電カイト」を開発しました。これは、風力発電機をカイトに乗せ、洋上のブイにロープで係留し、凧揚げのように空中に浮遊させ発電する仕組みです。
　カイトに乗せられた風力発電設備は一見すると、プロペラ飛行機のような形状です。8基のローターが風を受けて回転し発電します。
　カイト式は、浮体ブイを活用するが、風力発電設備を空中に凧のように浮かせるため、従来の風力発電に比べて、少ない量の鉄鋼、コンクリートを使います。空中での風の捕捉はGPSやコンピューター制御で自動化されます。海底が深い海洋でも、低コストで効率的に発電できるメリットがあります。
　さらに、米国のベンチャー企業が「空中浮体式風力発電設備」を開発するなど、いくつかの会社と研究所が「空を飛ぶ風力発電機」の常用化に向け取り組んでいます。

해답

A1) 風力発電機をカイトに乗せ、洋上のブイにロープで係留し、凧揚げのように空中

に浮遊させ発電するシステムです。
A2) 米ベンチャー企業により空中浮体式風力発電設備が開発されています。

(2) 기업의 노하우를 살린 백신접종

신종코로나바이러스(covid19) 감염대책의 히든 카드인 백신접종에 대한 기대가 커지고 있습니다. 전국 각지에 설치된 집단접종센터의 운영에는 의외의 기업의 노하우가 활용되고 있습니다. 여기에는 사회공헌이라는 측면뿐 아니라 한시라도 빨리 코로나 이전의 일상으로 돌아가고자 하는 기업측의 생각도 엿보입니다.

아이치현(愛知県) 도요타(豊田)시의 집단접종센터 운영에서 손을 잡은 것은 현지의 자동차업체 토요타입니다. 작업의 낭비를 줄이는 '개선'의 노하우를 도입하고 있습니다.

센터 입구에서 스태프가 문진표와 쿠폰, 신분증 등의 필요서류를 바인더에 묶어 접종자에게 건네줍니다. 접수와 문진 시에 서류를 꺼내는 낭비를 줄이기 위해서입니다. 그 다음에는 서류 기입에 누락된 것이 없는지 체크한 후, 접수, 문진, 접종 순으로 진행됩니다. 여기까지 최소 약 5분이 걸립니다. 15~30분간 대기한 후 몸에 이상현상이 없으면 귀가할 수 있습니다. 대기시간에 2차 접종 예약도 받습니다.

운영을 지원하는 주체는 토요타 생산현장에서 효율을 높이는 '개선'작업을 거듭한 사원입니다. 시와 의사회의 조언 하에 '접수 80초', '손가락 소독 12초'로 작업 별로 시간을 산출하여 최적의 인원배치를 생각했습니다. 접종센터 바닥에는 이동 순서를 화살표로 표시하여 약 60개의 안내판을 설치하였습니다. 토요타 담당자는 '접종자에게 부담을 주지 않고 최소한의 안내로 진행될 수 있도록 했습니다.'라고 말합니다.

해답

A1) 사회공헌과 한시라도 빨리 코로나사태 이전의 일상으로 돌아가고 싶은 마음이 있기 때문입니다.
A2) 작업의 낭비를 줄이는 '개선'작업의 노하우

(3) 간호

일본은 1970년에 '고령화 사회'가 된 후 고령자 인구가 계속해서 증가했습니다. 2007년에는 65세 이상 인구가 총인구에서 차지하는 비율, 즉 고령화율이 결국 21%를 넘어 '초고령화 사회'를 맞이하였습니다.

2020년 조사에서는 고령화율이 28.7%로 세계에서 가장 높은 것으로 나타났습니다. 그리고 2042년에는 고령화율이 정점에 달해 35.3%가 될 전망입니다.

이렇게 고령화 사회가 진행됨에 따라 요양업계는 요양 시설이나 인력 부족 등 다양한 문제를 안게 되었습니다.

업계에서는 현장의 고민을 해소하고자 다양한 시도를 하고 있습니다. 그중 하나가 소변 감지 센서가 장착된 기저귀입니다.

지금까지 간병 현장에서는 소변의 유무와 관계없이 일정한 시간마다 기저귀를 교환하는 방식이 일반적이었습니다. 그런데 이 기저귀는 간병인에게 기저귀 교환 시간을 무선으로 알려줍니다. 그 덕분에 스스로 의사표시를 하기 어려운 사람이 교환 시간 전에 소변을 봐도 다음 교환 시간까지 불쾌감을 느끼며 방치되는 일이 없어졌습니다.

게다가 요양 시설의 고령자들이 소변이나 대변의 처리가 늦어져 기저귀 발진이나 욕창과 같은 고통을 겪던 문제가 이 기저귀의 개발로 다소 해소될 것으로 보입니다.

단 기저귀 한 개당 단가가 일반 기저귀에 비해 다소 비싸다는 점이 문제점으로 남아있습니다.

해답

A1) 고령화사회의 진행으로 요양업계는 요양 시설이나 인력 부족 등 다양한 문제를 안

고 있습니다.
A2) 이 기저귀는 간병인에게 기저귀 교환 시간을 무선으로 알려주기 때문에 의사표시가 어려운 환자가 교환 시간 전에 소변을 봐도 다음 교환 시간까지 불쾌감을 느끼며 방치되는 일이 없어진 점입니다.
A3) 기저귀 한 개당 단가가 일반 기저귀에 비해 다소 비싸다는 점입니다.

V 실전연습

1. 사회/생활

(1) 플라워 시위

성폭력 피해를 호소하며, 형법 개정을 요구하는 '플라워 시위'가 전국으로 확산되고 있습니다.
형법의 요건이 너무 까다로워 성폭력 가해자가 처벌받지 않고 오히려 피해자가 단념하게 되는 경우가 많다는 호소입니다.
형법으로 처벌받는 요건은 '폭행 또는 협박을 가해' 성행위를 한 경우입니다. 술이나 약물 등을 사용한 경우도 마찬가지입니다.
상대의 동의가 있어 문제가 되지 않는 경우까지 처벌하지 않도록 동의 유무를 판단의 근거로 삼으며, 폭행이나 협박 등을 요건으로 들고 있습니다. 즉 이러한 부정한 방법을 사용했다면 '동의가 없었다'라고 간주할 수 있다는 개념입니다.
그러나 피해자는 폭행이나 협박만큼 강한 수단이 아니더라도, 공포나 충격으로 저항할 수 없어 수긍한 것처럼 보이는 경우도 있기 때문에, 요건이 너무 까다롭다고 호소하고 있습니다.
형법을 개정할 경우에는 법무장관이 자문하고 법제심의회에서 논의 과정을 거치게 되어 있지만, 법무성은 '대응을 검토 중'이라고 밝혔습니다.
단, 적절하게 처벌되지 않는 경우가 발생하는 현재 상황에 대해서는 검토회에서도 일치된 견해를 보였습니다.

성범죄는 '영혼의 살인'이라고도 불리는 만큼, 처벌을 면하는 경우를 없애기 위해 앞으로 더욱 깊이 있게 논의해야 합니다.

해답

A1) 형법의 요건이 너무 까다로워 성폭력 가해자가 처벌받지 않고 오히려 피해자가 단념하게 되는 경우가 많기 때문에, 성폭력 피해를 호소하고, 형법 개정을 요구하기 위해서입니다.
A2) 성범죄는 '영혼의 살인'이라고 불립니다.

(2) 지진 재해 유산

오는 11일은 동일본대지진이 발생한지 10년이 되는 날입니다. 피해 지역에서 지속해 온 활동 중 하나로 재해나 지진 발생 이후의 사람들의 행동을 보여주는 '지진 재해 유산' 수집과 활동이 있습니다.
'지진 재해 유산'은 지진이나 쓰나미, 원전 사고로 인한 피해와 사람들이 취한 행동, 더 나아가 복구를 위한 발자취 등을 보여주는 자료를 뜻하며, 수집 작업을 맡고 있는 후쿠오카현립 박물관이 붙인 이름입니다.
현재 진행 중인 '지진 재해 유산을 생각하다'라는 기획전에는 쓰나미로 떠내려간 우편함이나 철도 레일, 그리고 지진 발생 후 정전으로 멈춰버린 시계 등이 전시되어 있습니다.
'지진 재해 유산'을 남기는 의의는 크게 두 가지입니다. 하나는 그 피해와 사람들의 행동을 직접 보여주는 '살아있는 자료'로서 방재교육에 도움이 된다는 점입니다. 그리고 또 하나는 지진 피해를 지역 역사의 일부로 규정하고, 후대에 전하기 위한 기초 자료가 된다는 점입니다.
한신·아와지 대지진의 경우, 26년이 지난 지금도 자료 수집이 진행되고 있습니다. 고베시에 있는 '사람과 방재 미래 센터'에는 오랜 세월 개인이 보관하고 있던 자료를 '도움이 되기를 바란다'며 지금도 기증자가 나오고 있다고 합니다.
동일본대지진이이 발생한지 10년이 지났지

만, '지진 재해 유산'의 수집, 보존, 공개 사이클은 앞으로도 계속되어야 합니다.

해답

A1) 11일로 10년째가 됩니다.
A2) '지진 재해 유산'을 남기는 의의는 크게 두 가지입니다. 첫째, 피해와 사람들의 행동을 직접 전하는 '살아있는 자료'로서, 방재 교육에 도움이 될 수 있다는 점. 둘째, 지진 피해를 지역 역사의 일부로 규정하고, 후대에 전하기 위한 기초 자료가 된다는 점입니다.

(3) 청소년의 식사

核家族化と共働き夫婦の増加などにより、忙しい現代社会では家族が一緒に食事をする時間が減り続けています。そんな中、家族と食事をする回数が多い青少年であるほど肥満になる可能性が低く、暴食といった不規則な食事をする可能性も低くなるということが研究により明らかになりました。一方、家族とともに食事をしなければしないほど、体力低下や栄養のアンバランスなど健康状態が悪化するという研究結果も示されています。

これらの背景には、家庭での食事が成長に必要な栄養素をバランスよく整えた食事であるうえ、両親が一緒に食事をしながら食事習慣を指導することが、子どものすこやかな成長に直接的な影響を及ぼしているためだと考えられます。

また、食べ物を分け合って食べることは、人間関係において絆を強める大切な方法の一つだといわれています。特に会話が必要な青少年期、家族とともに食事をしながら会話をすることはストレス解消に役立ち、ひいては家族とのコミュニケーションを円滑にするというプラスの影響を及ぼすものと見られます。

해답

A1) 肥満になる可能性が低く、暴食など不規則な食事をする可能性も低くなることです。
A2) 家族とともに食事をしながら会話をすることはストレス解消に役立ち、ひいては家族とのコミュニケーションを円滑にするというプラスの影響を及ぼすものと見られるからです。

2. 문화

(1) 팬미팅 사회자 멘트 1

여러분 잠시 후 행사를 시작하겠습니다. 입장하신 분은 자리에 앉아 주십시오.

여러분, 이렇게 먼 곳까지 와주셔서 감사합니다. 저는 이번에 사회를 맡은 이가을이라고 합니다. 잘 부탁드립니다.

그럼 오늘 식순에 대해 설명드리겠습니다.

잠시 후 오늘의 주인공인 나스타 씨가 인사를 드릴 것입니다. 이번 팬 미팅은 나스타 씨와 팬 여러분과의 개인적인 만남이 아니라 한일 양국의 관광 교류 활성화를 위한 장기프로젝트의 시작을 알리는 자리인 만큼 먼저 이번에 나스타 씨에게 이야기를 듣는 시간을 갖고자 합니다.

그다음으로 나스타 씨가 직접 찍은 한국의 아름다운 사진을 통해 나스타 씨의 여행을 소개하겠습니다.

이후에는 여러분께서 직접 무대 위로 올라오셔서 나스타 씨와 함께 그룹별로 사진 촬영을 하는 시간을 갖고자 합니다. 여기에서 찍으신 사진은 나중에 팬클럽에서 개별적으로 보내드리겠습니다.

나스타 씨는 현재 내년 1월부터 한국에서 방송될 드라마를 촬영하고 있습니다. 바쁜 일정에도 불구하고 오늘 일본 팬 여러분을 만나뵙기 위해 촬영스케줄까지 바꾸면서 참석하였습니다.

그럼 지금부터 팬 미팅을 시작하겠습니다.

여러분, 나스타 씨를 큰 박수로 맞이해 주십시오.

해답

A1) 입장하신 분은 자리에 앉으라고 하였습니다.
A2) 한일양국의 관광교류 활성화를 위한 장기 프로젝트의 시작을 알리는 자리입니다.
A3) 내년 1월부터 한국에서 방송될 드라마를 촬영하고 있어 바쁜 상황입니다.

(2) 팬미팅 사회자 멘트 2

こんにちは。本日、キム・ナラさんの誕生日パーティーの司会を務めますハン・キプムと申します。ミュージカル公演で皆さんにお会いしましたが、本日はナラさんの誕生日パーティーがあると聞いて、皆さんと共にお祝いするためこの場に立っております。皆さん、本日のお誕生日会が皆さんにとっていい思い出になればと思います。

では、本日の主人公であるキム・ナラさんをお呼びしたいと思います。どうぞ〜！（拍手の中、登場）

ナラさん、こんにちは。まず、お誕生日おめでとうございます。私だけでなく、本日はナラさんの誕生日をお祝いするため、多くのファンの方々にお越しいただいております。最近、ミュージカル公演を続けていらっしゃるので、ファンのみなさんと会える機会も多いと思いますが、誕生日パーティーの舞台でご挨拶するお気持ちは違うと思います。いかがでしょうか。

では、ナラさんの誕生日パーティーを本格的に始めたいと思います。

今、舞台の上にバースデーケーキが登場しました。ファンの方々にナラさんの誕生日をお祝いするため、特別に準備していただいたケーキです。一緒にバースデーソングを歌いましょうか。

はい、ありがとうございました。続きましてケーキ入刀のセレモニーです。

最後に、ファンの方々がナラさんの誕生日を迎え、特別に準備された映像があるということですので、ごらん頂きましょう。

宴もたけなわですが、残念ながら本日はこれをもちましてナラさんの誕生日パーティーをお開きにしたいと思います。

では、間もなく公演時間を持ちたいと思います。ありがとうございました。

해답

A1) キム・ナラさんの誕生日パーティーがあると聞いて、ファンと共にお祝いするためです。
A2) ファンと一緒にバースデーソングを歌った後、ケーキ入刀のセレモニーを行いました。そして特別に準備された映像を見ました。
A3) バースデーケーキと映像。

3. 환경

(1) 초미세먼지(PM 2·5)

중국에서 문제가 되고 있는 초미세먼지 'PM 2·5'에 의한 대기오염은 아시아와 중동, 아프리카 지역 국가에서도 심각한 상황입니다. 최근에는 일본 각지 에서도 'PM 2·5' 측정치가 높아졌습니다.

초미세먼지란 공기 중에 있는 미세먼지로 'PM 2·5'는 입자의 직경이 2.5㎛ (마이크로미터) 이하로 작고 머리카락 굵기의 수십 분의 1 정도밖에 되지 않습니다. 이처럼 이것은 매우 가늘기 때문에 들이마시면 폐 속이나 혈관까지 들어가 천식이나 심장질환 등을 일으키는 경우가 있습니다. 'PM 2·5'에는 유해물질이 포함되는 경우도 있기 때문에 일찍부터 대기환경이나 인간의 건강에 미치는 영향에 대한 지적이 있었고, 배출이 규제되어 왔습니다.

한편 'PM 2·5'의 발생원은 다양하지만 공장

이나 자동차 등에서 직접 입자로 배출되는 것에 더해 공업화가 진행되는 중국에서 날아온 대기오염물질의 영향이 큰 상황입니다. 이 때문에 중국의 대책이 무엇보다도 시급합니다.

해답

A1) 공기 중에 있는 입자의 직경이 2.5㎛이하인 초미세먼지입니다.
A2) 굵기가 머리카락의 1/10정도로 매우 가늘어 이를 들이마시면 폐 속이나 혈관까지 들어가 천식이나 심장질환을 일으키는 경우가 있기 때문입니다.

(2) 탄소 가격제

일본 정부는 2050년 온실가스 순 배출량을 0으로 만들겠다는 목표를 내걸었으며, 이를 달성하기 위해 탄소 가격제(Carbon Pricing)라는 새로운 제도를 도입하려 하고 있습니다.

그러면 탄소 가격제란 어떤 제도인지 구체적으로 살펴보겠습니다.

첫째는, 탄소 배출량에 따라 세금을 내는 안으로, 탄소세라고도 불립니다. 일본에서는 2012년부터 이와 비슷한 세금으로 온난화 대책세를 도입했지만, 세율을 더 높이거나 과세 기업 대상을 확대하는 안 등이 검토되고 있습니다.

둘째는 배출권 거래 제도를 정부 주도로 만드는 안입니다. 이것은 우선 정부 등이 각 기업에게 이산화탄소를 '이 정도 까지면 배출해도 좋다'라는 상한=배출 한도를 정합니다. 그리고 어떤 기업이 상한선을 초과했을 때는 배출 한도가 남은 다른 기업, 즉 배출량이 상한을 밑돈 기업으로부터 여분의 배출권을 구입하는 제도입니다. 시장을 통해 이러한 거래가 이루어질 가능성도 있습니다.

이 두 가지 모두, 기업이 이산화탄소를 많이 배출하면 그만큼 금전적인 부담을 져야 하기 때문에, 그렇게 되지 않도록 배출량을 감축하기 위해 더욱 노력할 것으로 기대됩니다. 더욱이 기업의 경제적 부담이 커지면 이는 제품의 판매가 등으로 전가되어, 소비자인 우리의 부담이 커질 수도 있습니다. 새로운 제도에는 이산화탄소 배출 비용을 사회 전체가 의식함으로써, 배출 감축을 위한 시도에 속도를 붙이겠다는 목적도 내포되어 있습니다.

해답

A1) 일본 정부가 내건 2050년까지 온실가스 순 배출량을 0으로 만들겠다는 목표를 달성하기 위해서입니다.
A2) 이산화탄소 배출 비용을 사회 전체가 의식함으로써, 배출 감축을 위한 시도에 속도를 붙이겠다는 목적이 내포되어 있습니다.

3. 열대야

最近「72日間の熱帯夜を子孫に残しますか」という新聞記事を読みました。熱帯夜とは、最低気温が25度以上の蒸し暑い夜のことを言います。現在、一年平均数日に過ぎない熱帯夜ですが、このまま続くと90年後には72日も熱帯夜に苦しむことになるということです。つまり、温室効果ガスを排出し続ける場合、未来に生きる子孫は毎年2ヶ月以上も眠れない熱帯夜が続く、苦しい日々を過ごさなければならなくなるのです。

一方、気象庁は温室効果ガスの排出規制に積極的に取り組まなければ、2100年朝鮮半島の年平均気温は現在済州島の西帰浦市（ソギポし）の気温(16.6度)と同じような亜熱帯地域に変わると予想しています。

温室効果ガスとは、地球の大気を汚染させ、地球温度の上昇をもたらすガスのことを指します。その代表的なものとして、二酸化炭素、水蒸気、メタンなどがあります。

温室効果ガスを削減する方法は石油、石炭のような化石エネルギーの使用を減らすことです。例えば、マイカーの代わりに公共交通

機関を利用したり、パソコンやテレビの使用を減らしたり、植物を多く育てて二酸化炭素を吸収するようにするのも温室効果ガスを減らす効果的な方法の一つです。

해답

A1) 最低気温が25度以上の蒸し暑い夜のことです。
A2) 地球の大気を汚染させ、地球温度の上昇をもたらすガスのことです。
A3) 温室効果ガスを減らすためにはマイカーの代わりに公共交通機関を利用したり、パソコンやテレビの使用を減らしたり、植物を多く育てることなどがあります。

4. 경제

(1) 반도체

A: 日本の大手半導体メーカーの工場で火災が発生したことなどを背景に、世界的に半導体が足りない状況が長引き、影響が広がっています。
B: 과거에도 반도체가 부족해서 자동차를 생산하지 못한다는 소식을 전해드렸습니다만 상황은 더욱 심각해지고 있나요?
A: はい、自動車メーカーにとっては泣きっ面に蜂といったところです。クルマ用の半導体で世界トップシェアを誇る「ルネサスエレクトロニクス」の工場で火災が発生し、元の水準に戻るまでに3か月以上はかかるということです。ルネサスは日本国内の別の工場で代替生産をすすめる考えです。しかし、デジタル化が急速にすすみ、新型コロナで巣籠り需要も高まる中、クルマ・パソコン・スマホを作るのに不可欠な半導体の、世界的な争奪戦が続いています。火災はそうした状況に追い打ちをかけた形です。
B: 그럼 어떤 대책을 취하면 좋을까요?

A: 世界をみると、各国ともに、生産能力の拡大に力を入れています。政府の支援を受け、アメリカのメーカー「インテル」は2兆円、台湾の「TSMC」は11兆円にものぼるとみられるケタ違いの投資をし、生産を強化します。また、来週行われる日米首脳会談でも、半導体の安定供給を巡る協力が、議題の一つとなる予定です。日本も、デジタル化の根幹を支える半導体産業の強化を、本気ですすめるべきだと思います。

해답

A1) デジタル化が急速にすすみ、新型コロナで巣籠り需要も高まる中、クルマ・パソコン・スマホを作るのに不可欠な半導体の、世界的な争奪戦が続いているなか、クルマ用の半導体で世界トップシェアを占める「ルネサスエレクトロニクス」の工場で火災が発生し、元の水準に戻るまでに3か月以上はかかると予想されるためです。
A2) 政府の支援を受け、アメリカのメーカー「インテル」は2兆円、台湾の「TSMC」は11兆円にものぼるとみられるケタ違いの投資をし、生産を強化しているなど、各国ともに、生産能力の拡大に力を入れています。また、来週行われる日米首脳会談でも、半導体の安定供給を巡る協力が、議題の一つとなる予定です。

(2) 집콕투자

코로나19 사태를 계기로 투자에 흥미를 갖는 젊은이들이 증가하였습니다. 작년 봄에 하락했던 주가는 급속히 회복되어 시세가 고공행진을 하는 가운데 스마트폰 하나로 소액이라도 간편하게 매매할 수 있는 서비스도 충실히 갖추고 있습니다. 외출 자제로 집에 있는 시간이 늘어나 미래 설계나 자산운용을 생각하는 계기도 되어 집콕 투자가 확산하고 있습니다.

도쿄도내의 회사에 근무하는 20대 남성은 재택근무로 여유가 생긴 시간에 정보를 모아 연간 40만 엔(약 400만 원 상당)까지 비과세로 20년간 투자할 수 있는 '적립형 NISA'를 시작하였습니다. 주식 거래에도 도전하여 2개 회사의 주식을 약 25만 엔어치 사서 4월 말에 일부를 팔고 5만 엔 정도 벌었습니다. 한 주부터 살 수 있는 미국 IT대기업의 주식도 약 70만 엔어치를 구매하였습니다. 이 남성은 '미래를 내다보는 생각이 돈으로 이어져 재미있다. 저금 대신에 투자를 계속하겠다'고 말합니다.

인터넷과 스마트폰으로 하는 매매는 일반 증권회사보다 수수료가 싸고, 소액으로 손쉽게 할 수 있는 서비스도 많습니다. 예를 들면 투자신탁 상품구입을 100엔부터, 통상 100주부터 가능한 일본 주식 투자를 한 주부터도 가능하게 한 인터넷계열 증권사는 많습니다.

쇼핑 등으로 쌓은 포인트를 투자에 사용할 수 있는 서비스도 인기를 끌고 있습니다. 라쿠텐(楽天)증권은 투자신탁 상품이나 주식 구입에 라쿠텐 포인트를 사용할 수 있습니다. 자사의 '라쿠텐 경제권'에 투자가를 끌어들이려는 생각입니다.

해답

A1) 작년 봄에 하락했던 주가가 급등하여 고공행진을 하는 데다 스마트폰 하나만 있으면 손쉽게 거래할 수 있는 서비스가 충실히 갖추어져 있어, 코로나 사태로 인해 외출을 자제해 집에 있는 시간이 늘어난 젊은 이들이 미래설계나 자산운용을 생각하는 기회가 되었기 때문입니다.

A2) 일반 증권회사보다 수수료가 저렴하고 소액이라도 손쉽게 거래할 수 있는 서비스가 많은 점입니다.

(3) 디지털 화폐

A: 일본은행은 올해부터 현금을 전자화하는 이른바 '디지털 엔화' 실험을 시작하였습니다.

Q: 最近ニュースでも「デジタル通貨」という言葉、よく聞くようになった気がしますけれどでも、デジタル通貨ってそもそも、どういうものなんですか？

A: 네. 디지털 화폐라는 것은 돈을 지폐나 동전이 아니라 전자데이터의 형태로 발행하는 것입니다. 엄밀하게 말하면 '중앙은행 디지털 화폐'라 부르는 것으로 민간기업이 아니라 정부 책임으로 발행하는 것이 특징입니다.

Q: 日本だとそれがいわゆる「デジタル円」になるわけですね。そして「現金」と「デジタル通貨」はまったく同じ価値をもつんですね。

A: 네. 그렇습니다.

Q: お財布をもたずに買い物できるのは便利ですが、キャッシュレス決済とか、ビットコインのような暗号資産とはどう違うんですか？

A: 큰 차이는 '언제 어디서나 누구나' 사용할 수 있는 형태가 된다는 점입니다. 암호자산과 캐시리스 결제일 경우 이 가게에서는 사용할 수 있지만, 저 가게에서는 못 쓴다든가, 사용하는 데 수수료가 드는 경우가 있습니다. 그런 경우가 없는 것이 장점입니다. 또한, 비트코인은 가격 변동 폭이 큰 데 비해 디지털 화폐는 정부의 신용을 반영한 것입니다. 그러므로 예를 들어 일본 정부에 대한 신용이 있으면 '디지털 엔화'의 가치가 급격히 바뀌지 않는다는 점도 중요합니다. '현금을 사용하지 않고 지불할 수 있다'라는 점에서는 디지털 화폐나 캐시리스 결제, 암호자산도 거의 비슷하게 느껴질지 모릅니다. 하지만 '편리'할 뿐 아니라 통화가 지니는 '신뢰성'과 '안정성'이라는 관점에서 오히려 각국의 중앙은행이 발행하는 디지털 화폐가 있으면 좋지 않을까 하는 논의가 되고 있습니다.

Q: なるほど、世界的に動きが活発になっているんですね。それで、日銀は今、どんな

実験をしているんですか？
A: 먼저 제1단계로 기본적 구조의 검증을 하고 있습니다. 여러 가지 암호기술을 조합하는 것만으로도 기록을 변조하는 것이 어려워지는 새로운 기술을 사용하여 돈을 디지털 형태로 송금하거나 기록할 수 있는지 테스트를 하고 있습니다.

해답

A1) 돈을 지폐나 동전이 아니라 전자데이터의 형태로 발행하는 것으로 '중앙은행 디지털 화폐'를 말합니다.
A2) 첫째, 암호자산은 쓸 수 있는 곳이 한정되어 있고 수수료가 드는 경우도 있는 반면 디지털 화폐는 언제 어디서나 누구나 사용할 수 있으며 수수료가 없습니다.
둘째, 비트코인 같은 암호자산은 가격의 급격한 변화가 있는데 비해 디지털 통화는 정부의 신용을 반영한 것이므로 가치의 급격한 변화가 없는 점이 큰 차이점입니다.

5. 법률

(1) 재판원 제도

몇 년 전부터 시작된 '재판원 제도'.
재판원 제도는 일본에 거주하는 20세 이상의 유권자 중에 무작위로 선정된 사람이 재판원이 되어 재판관과 함께 재판을 진행하는 제도입니다. 이 제도가 만들어 지면서 처음으로 재판에 국민이 직접 관여하게 되었습니다. 이로써 국민의 사법에 대한 이해도를 높이고 재판에 대한 신뢰도 향상될 수 있습니다.
반면 전문가가 아닌 일반인이 재판에 임하게 되면서 문제점도 지적되고 있습니다.
우선 무고죄에 대한 우려가 있습니다. 법률에 대한 전문지식이나 객관성이 부족한 사람이 매스컴 등의 편향된 보도로 무죄여야 할 사람에게 유죄 판결을 내릴 가능성이 있기 때문입니다.

게다가 법정에서 보게 되는 살인 현장의 적나라한 사진 등으로 정신적 스트레스를 받을 우려도 있습니다.
무고죄에 대해서는 여러 의견이 있기 때문에 이번에는 언급하지 않겠습니다. 그러나 여론을 반영한 재판으로 국민의 관심을 높이고 사법이라는 어려운 벽을 허물겠다는 당초의 목적은 평가할 만합니다.
그런데 관계 당국은 재판원으로서 재판에 참가한 사람들의 마음을 케어하고 심리적인 부담을 줄이기위해 충분한 대응책을 세우고 있을까요? 이러한 문제에 대비해 대법원은 상담창구를 설치해 두었지만, 전문가 그룹은 이것만으로는 불충분하다는 견해입니다.

해답

A1) 일본에 거주하는 20세 이상의 유권자 중에 무작위로 선정된 사람이 재판원이 되어 재판관과 함께 재판을 진행하는 제도입니다.
A2) 무고죄에 대한 우려로, 법률에 대한 전문지식이나 객관성이 부족한 사람이 매스컴 등의 편향된 보도로 무죄여야 하는 사람에게 유죄 판결을 내릴 가능성이 있다는 점입니다.
A3) 대법원은 정신적 스트레스를 받는 재판원을 위해 상담창구를 설치해 두었습니다. 그러나 전문가 그룹은 이것 만으로는 불충분하다는 견해입니다.

(2) 피고인 신문

裁判長: 被告人のキム・キナムとパク・イナムは陳述をせず、それぞれの質問に黙秘権を行使できる上、利益になる事実を述べることができます。
検察官および弁護人: 外の意見はなく、申し出る証拠がありません。
裁判長: 証拠調査を終え、被告人の尋問を始めます。
検察官: 被告人は2013年4月24日02:00ごろ、ソウル特別市龍山区漢南洞にある被害者

のイ・マルスックの住宅で金品を窃取した事実がありますか。
キム・キナム: はい、あります。
検察官: 被告人は被害者が所有する白磁一つを窃取する間、被告人のパク・イナムは何をしていましたか。
キム・キナム: パク・イナムは現代マンションの近くにあるベンチに座っていました。
検察官: パク・イナムが被告人にイ・マルスックの財物を窃取しようと提案しましたか。
キム・キナム: パク・イナムが付き合っていたイ・マルスックに振られると、「一度ひどい目にあわせてギャフンと言わせなきゃ」と言いました。
検察官: 被告人は警察と検察に虚偽の陳述を強要されたことがありますか。
キム・キナム: そんなことはありません。

해답

A1) 白磁
A2) パク・イナムは現代マンションの近くにあるベンチに座っていました。
A3) 「一度ひどい目にあわせてギャフンと言わせなきゃ」と言いました。

(3) 온라인 가사조정

A: 離婚や遺産相続など、家庭のトラブルを話し合いで解決する裁判所の「調停」を試験的にオンラインで行うことになりました。最近は会社でもウェブ会議を行うことが多いですが、裁判所でも導入されるのですね。
B: 최근에 형사 재판이나 민사 재판의 본격적인 IT화에 대한 논의가 시작되었습니다만, 법원은 '조정'이라는 절차의 일부에 시험적으로 화상 회의 방식을 도입하기로 했습니다.
조정에는 '민사 조정'과 '가정 조정'이 있는데, 이번에 화상 회의 방식이 시험적으로 도입되는 것은 가정 문제를 다루는 '가정 조정'입니다.
예를 들어 부부의 이혼이나 그에 따른 재산 분여, 또는 유산을 상속받는 사람들이 어떻게 나눠 가질지 조율하는 유산 분할 등입니다.
시험적으로 도쿄, 오사카, 나고야, 후쿠오카 등 4곳의 가정법원에서 올해 안에 시작할 예정입니다.
A: ウェブ会議で感染を防止するメリットがあるのですね。
B: 네. 원래는 재판 절차의 IT화라는 큰 흐름을 따라가기 위한 것인데, 신종 코로나 바이러스 감염증(코로나19)의 확산을 막기 위한 목적도 있습니다.
조정은 조정 위원과 당사자가 얼굴을 맞대고 이야기하며 끈끈한 신뢰 관계를 구축해 적절한 타협안을 찾는 것이 중요한데요, 반대로 말하면 감염 리스크가 높은 상황이기도 합니다.
이런 점에서 화상 회의 방식의 경우, 법원이나 조정 위원은 법원에 있지만 당사자는 자택 등에서 온라인으로 참가할 수 있기 때문에, 서로를 감염시키는 리스크를 줄일 수 있습니다.
아직 시험적 단계이기 때문에, 안건에 따라 화상 회의 여부를 정하거나, 또는 하나의 안건에 대해 화상 회의 방식과 대면 방식을 함께 적용하는 등, 다양한 형태를 시험해 보면서 효율적이고 효과적인 방법을 고민해 볼 것 같습니다.

해답

A1) 가정 문제를 다루는 '가정 조정'입니다.
A2) 적절한 타협안을 찾기 위해 조정 위원과 당사자가 얼굴을 맞대고 이야기하며 끈끈한 신뢰 관계를 구축하기 때문입니다.

6. 의료 건강

(1) 온열질환

매년 여름철 뉴스에 빠지지 않는 것 중에 '온열질환'이 있습니다.

작년에는 장마가 끝남과 동시에 열사병 환자가 급증했기 때문에 장마가 빨리 시작된 올해도 온열질환이 걱정되고 있습니다.

온열질환은 체온을 조절하는 기능이 제대로 작용하지 못하여 체온이 상승하는 기능장애이지만 무더위 속에서뿐만 아니라 실내에서 가만히 있더라도 발병하는 경우가 있습니다. 실제로 고령자가 실내에서 온열질환에 걸려 쓰러져 있는 것이 발견되는 경우도 적지 않습니다. 매년 피해가 끊이지 않는 것은 '스스로 알아차리기 어렵다' 혹은 '별다른 이상 증상이 없다'고 느끼는 사람이 많은 것이 주요 요인으로 꼽히고 있습니다.

이제부터 더운 날이 계속되어 35도 이상이 되는 곳도 있을 것 같습니다. 외출을 삼가고 방 안에서는 28도 이상이 되지 않도록 에어컨을 켜고, 바깥에서는 사람이 주변에 없을 때는 마스크를 벗고 휴식을 취하는 것도 중요합니다.

해답

A1) 스스로 증상을 깨닫기 어렵거나 이상 증상이 없다고 느끼는 사람이 많기 때문입니다.
A2) 외출을 삼가고 방 안에서는 28도 이상이 되지 않도록 에어컨을 켜고, 바깥에서는 사람이 주변에 없을 때는 마스크를 벗고 휴식을 취해야 합니다.

(2) 코로나 백신

신종 코로나바이러스 백신에는 몇 가지 효과가 기대되고 있습니다. 먼저 바이러스가 우리 세포에 침입하여 증식하는 것을 방지하는 '감염 예방효과', 또한 감염되었다 하더라도 바이러스양이 어느 정도 억제되어 증상이 나타나지 않는 '발병 예방효과'. 그리고 발병했다 하더라도 '중증으로 발전하는 것을 막는 효과' 등입니다. 이들 효과가 있는지, 임상시험 등으로 확인하고 있습니다.

백신은 이물질을 체내에 넣기 때문에 아무래도 부작용이 일어난다고 합니다. 미국 질병통제예방센터(CDC)가 화이자 백신을 접종한 1,200만 명 이상의 부작용에 대해 보고서를 발표하였습니다. 접종 후 1주일 이내에 보인 부작용은 접종한 곳의 통증, 나른함, 두통, 근육통 등 다양합니다. 또한 1차 접종보다 2차 접종 후가 부작용의 비율이 높다는 것이 밝혀졌습니다. 또한 최근 뉴스 등에서 '아나필락시스'라는 말을 자주 들으시리라 생각합니다. 이것은 심한 알레르기 증상으로 예를 들면 전신의 두드러기와 기침이 함께 나타나는 등 다양한 증상의 조합이 있을 수 있습니다.

알레르기가 있는 사람은 주의가 필요하지만, 천식, 꽃가루 알레르기, 알레르기성 비염 등의 알레르기는 접종 가능하다고 합니다. 아나필락시스는 적절하게 대응할 수 있으므로 무조건 백신 접종 전에 알레르기가 있으면 증상을 정확하게 전달하는 것이 중요합니다.

해답

A1) 감염 예방 효과와 중증으로 발전하는 것을 저지하는 효과입니다.
A2) 심한 알레르기 증상을 말하며 전신 두드러기와 기침이 함께 나타나는 등 다양한 증상들이 조합되어 나타납니다.

(3) 대사증후군

最近、30~40代の男性と50代以上の女性の間でメタボリックシンドロームが急増し、健康に赤信号がともりました。

メタボリックシンドローム（メタボ）とは、内臓脂肪型肥満で高血圧や高血糖などの症状が一緒に表れる状態のことですが、これは食習慣や運動不足、喫煙によるものとされています。

30~40代の男性の場合、インスタント食品と肉類、暴食のような間違った食習慣や過度の喫煙、運動不足などによってメタボの発症率が高まっています。

一方、50代以上の女性は基礎代謝量の低下による体脂肪の増加が最も大きな原因として挙げられています。

このように、メタボを訴える人々には食卓の上の小さな変化が大きな効果をもたらします。例えば、韓国人のほとんどが毎日食べる白ご飯。この白ご飯を100％玄米にし、バランスの取れた献立を維持すれば、運動する時間がない人でも症状をある程度改善することができます。

해답

A1) メタボリックシンドローム（メタボ）とは、内臓脂肪型肥満で高血圧や高血糖などの症状が一緒に表れる状態のことです。
A2) 50代以上の女性は基礎代謝量の低下による体脂肪の増加が最も大きな原因として挙げられています。
A3) 白ご飯を100％玄米にし、バランスの取れた献立を維持すれば、ある程度症状が改善します。

7. IT・과학

(1) 사이버테러

最近至る所で、同時多発的な大規模なハッキングが相次いでいます。韓国は数回のハッキング攻撃を受け、放送、金融、政府機関が麻痺する事態が起こりました。

こうしたサイバーテロを防ぐ情報セキュリティーの専門家を、いわゆる「ホワイトハッカー」といいます。ホワイトハッカーは、個人的な目的を持ってネットシステムの情報を盗み取る一般的なハッカーとは違い、サーバーの弱点を研究してハッキングを防ぐ戦略を立てる人たちです。

すべての生活がインターネットにつながっている今日、国の主要機関を攻撃するサイバーテロが発生すると社会は大混乱に陥るでしょう。特に、生活に欠かせない電気を作る原発施設がハッキングされると大変なことになります。

教育部はサイバーテロに対応するため、コンピューターに優れた才能を持つ青少年から修士・博士レベルの専門家に至るまで、コア人材を育てて「ホワイトハッカー」の育成に取り組むことにしています。こうした技術が世の中のために使われれば、武器を使わないサイバー戦争から国を守ることにつながると思います。

해답

A1) ハッカーは個人的な目的を持ってネットシステムの情報を盗み取る一方、ホワイトハッカーはサーバーの弱点を研究してハッキングを防ぐ戦略を立てます。
A2) コンピューターに優れた才能を持つ青少年から修士・博士レベルの専門家に至るまで、コア人材を育てて「ホワイトハッカー」の育成に取り組むことにしています。

(2) 배달로봇

A: 車や自転車が行きかう交差点を渡る、配送ロボット。街中を、ヒトとロボットが並んで歩く時代が、まもなく来るかもしれません。
B: 이제까지 배송 로봇이라 하면 호텔과 상업 시설 안에서 짐을 운반해 주는 것이었지만 어디까지나 사유지 안에서 이루어지는 서비스였습니다. 이에 반해 지금 각 기업이 잇달아 실험하고 있는 것은 이제까지는 법률상 허가되지 않았던 공공도로, 즉 거리를 이동하며 식품을 배달하는 로봇입니다.
A: なぜ、各社はこうしたビジネスに参入し

ようとしているんですか？

B: 최대 이유는 '인력 부족'대책입니다. 인터넷 쇼핑의 보급으로 택배 수도 해마다 증가하는 가운데 배달을 담당할 인력확보는 최근 수년간 과제가 되었습니다. 또한 쌀이나 물 등 자신이 나르기에는 무거운 것을 주문하는 사람도 많아 배송원의 부담도 되었다고 합니다. 로봇을 사용할 수 있으면 무거운 것은 로봇이, 가벼운 것은 인간이 운반하는 것도 가능해집니다.

역시 가장 중요한 것은 교통상의 안전입니다. 각 회사의 로봇은 인도를 달리는 것까지도 생각하고 있습니다. 이 때문에 길이 120cm, 폭 70cm 정도의 크기로 속도는 시속 6km 이하가 하나의 기준이 되었습니다. 즉 시속 6km라 하면 사람이 빨리 걷는 것보다는 약간 빠르고 자전거와 비교하면 상당히 느린 속도입니다. 뜻밖의 사태가 발생하지는 않을지, 또한 발생할 경우의 대응을 어떻게 할지, 실증실험을 확실히 한 후 검증하는 것이 중요합니다.

A: 人口減少がすすむ中、また、新型コロナウィルスが広がる中、配送ロボットの活用に期待も高まっています。課題を克服しながら、実現への取り組みを着実にすすめてほしいと思います。

해답

A1) 인터넷 쇼핑의 보급으로 택배 수도 해마다 증가하는 가운데 배달을 담당할 인력확보가 어려운 점과 쌀이나 물 등 자신이 나르기에는 무거운 것을 주문하는 사람이 많아 배송원의 부담도 증가하는 등 인력부족 때문입니다.

A2) 교통 안전이 가장 중요하며, 예측 불허의 사태가 발생하지는 않을지, 또한 발생할 경우 대응을 어떻게 할지, 실증실험을 확실히 한 후 검증할 필요가 있습니다.

(3) 우주탐사

A: 旧ソビエトの宇宙飛行士、ガガーリンが人類初の宇宙飛行を達成してから今年で60年を迎えます。世界に威信を誇ってきたロシアの宇宙開発、その立ち位置が変わろうとしています。
ガガーリンと言えば、「地球は青かった」ということばが有名ですね。

B: 그때까지 누구도 지구를 본 사람은 없었습니다. 가가린이 우주비행을 달성한 것은 60년 전 4월 12일입니다. 이것은 냉전시대에 미국보다 앞선 역사적 위업으로서, 가가린은 지금도 러시아에서 영웅시 되고 있으며 국제적으로도 12일은 '세계 우주비행사의 날'로 되어 있습니다.

A: それから60年、ロシアは宇宙開発をどう進めてきましたか。

B: 30년 전 소비에트연방의 붕괴로 한때 곤경에 처했지만, 국제우주정거장의 운영으로 중심적인 역할을 담당했습니다. 그리고 10년 전 미국의 스페이스 셔틀이 퇴역한 후로는 우주정거장까지의 인간의 왕복은 러시아가 독점해왔습니다.

그러나 작년에 미국이 '크루 드래건'이라 불리는 민간 유인우주선 비행을 재개하여 독점이 무너졌습니다. 더욱이 '우주 강국'을 지향하는 중국도 개발에 박차를 가하고 있습니다. 이제 러시아의 인공위성 수나 로켓 발사 수는 미국, 중국에 이어 세계 3위입니다. 새로운 기술개발은 진행되지 않고 중국의 기세에 눌려 이 분야에서 러시아의 우위성은 약해지고 있습니다.

A: 今後、ロシアはどのようにしようとしていますか。

B: 각국이 힘을 쏟는 달 탐사 계획에서 중국과 협력해 갈 것입니다. 지난달 러중 양국은 장차 인간이 달에 체류하는 것까지도 시야에 넣고 새로운 연구거점 건설을 위해 협력하기로 합의했습니다. 달 탐사에서는 미국이 주도하고 일본, 유럽도 참가하는 '아르테미스계획'이 있으며 이것과 대항할 목적

이 있다고 보입니다. 국제정치와 마찬가지로 중국, 러시아와 미국, 일본, 유럽이 경쟁하는 구조가 되어 있습니다. 다만, 러시아는 우주 분야에서는 미국과 일본과도 협력하여 향후에도 관계가 지속될 것 같습니다. 한편, 중국과 미국 사이에는 우주를 둘러싸고도 패권 다툼이라고도 할 수 있는 격렬한 대결 구도가 이어질 것 같아 우주개발에 힘을 쏟는 일본도 결코 무관할 수는 없을 것입니다.

해답

A1) 미국의 '크루 드래건'이라 불리는 민간 유인 우주선의 비행 재개
A2) 중국과 러시아, 미국과 일본 및 유럽이 경쟁하는 구도가 되었습니다.

Ⅵ 통역사 되어 보기

통역사 H상의 하루

田中: 안녕하세요. 저는 ○○현 관광컨벤션뷰로의 다나카라고 합니다.
김관광: 初めまして。私は韓国の旅行会社で日本商品を担当している金・観光と申します。
田中: 오늘은 이렇게 저희 부스를 방문해주셔서 감사합니다. 오늘 이 상담회에 참가한 것은 저희 ○○현의 매력을 알리고, 한국분들이 많이 와주시길 바라는 마음에서입니다. 더불어 올 봄 전개할 프로모션을 소개하고자 합니다.
김관광: あ、プロモーションがありますね。まず、簡単ながら私共の会社をご紹介します。弊社は設立18年目の日本専門旅行会社で主なターゲット層はFIT客でホテルの手配から航空便、現地の主な施設のチケットまで販売しております。弊社の日本商品はツアー商品が3割、FIT商品が7割を占めております。
田中: 소개 감사합니다. 그럼 ○○현에 대해서는 알고 계십니까?
김관광: はい、存じております。弊社から昨年1年間300人を送りましたので、ある程度は知っていると思います。○○県は今韓国で人気の高い地域です。
田中: 아, 그러셨군요. 정말 감사합니다! 실제로 ○○거리를 걷다 보면 한국분들을 자주 볼 수 있습니다. 많은 한국분들이 많이 방문하고 계신다는 증거겠죠. 그래서 이번에는 벚꽃 명소를 소개하고자 합니다.
김관광: それは楽しみですね。

1-1) 비즈니스 상담

김한국: こんにちは。遠路はるばるお越しいただきありがとうございます。
田中: 저희야말로 귀중한 시간을 할애해 주셔서 감사합니다.
지난번에 전시회에서 귀사의 제품을 보고 마침 저희 회사에서 찾던 제품이어서 오늘 이렇게 찾아뵈었습니다.
김한국: ご訪問ありがとうございます。弊社の製品を気に入っていただけてうれしいです。この製品といいますと、弊社で長い時間をかけて研究開発したもので、他社の製品とは比べ物にならないぐらい優れた性能を持っております。
田中: 저희 회사도 예전부터 귀사의 제품에 관심이 있었습니다. 그래서 실제 저희 회사 제품에 적용가능한지, 제품의 수치와 적용 범위와 가격 등을 알고 싶습니다.
김한국: はい、それで製品の規格と適用可能な条件、オファー価格を書いた資料を用意しました。はい、どうぞ。
田中: 아, 준비해 주셨군요. 감사합니다. 그리고 견본을 받아볼 수 있을까요?
김한국: もちろんです。いつまでお送りすればよろしいでしょうか。

田中: 이번 달 내에만 받을 수 있으면 좋겠습니다.

김한국: それでは、船便でお送りしてもよろしいでしょうか。

田中: 네 좋습니다. 그런데 이 표에 쓰인 가격은 FOB입니까? CIF입니까?

김한국: あ、大事なことが欠けていましたね。すみません。その価格はCIF大阪です。

田中: 그렇군요. 잘 알겠습니다. 마침 저희 회사가 오사카에 위치하고 있어 저희도 오사카항을 이용하고 있습니다. 그럼 견본품을 받은 후 저희 제품과의 적용가능성을 내부적으로 검토해본 후 다시 연락드리겠습니다.

김한국: はい、わかりました。どうぞよろしくお願い致します。もし、この後、ご予定がないようでしたら、近くにおいしい韓定食の店がありますので、ごちそうしたいですが、よろしいでしょうか。

田中: 한정식 정말 좋아하는데 말씀 감사합니다. 그럼 이후에 일정도 없으니 함께 식사하면서 얘기라도 나누고 싶네요.

1-2) 비즈니스 상담

처음 뵙겠습니다. 국제복합운송에 특화된 A사에서 영업을 맡고 있는 기무라라고 합니다.

바쁘신 와중에 시간 내주셔서 감사합니다.

이번에 방문한 이유는 1년 전 신설한 일본의 B항에 대해 소개하기 위해서입니다.

M현은 1년 전에 M현 북부의 C시에 새롭게 거액의 자금을 들여 국제항구를 만들었습니다. 저희 회사는 그 국제항의 한가운데 영업소를 신설했습니다.

지금까지 M현과 저희 회사가 열심히 영업을 했음에도 불구하고 항구의 이름이 아직 알려지지 않아 실적이 좋지 않습니다.

그래서 일본의 타이어 수요를 조사해 보았습니다. 그 결과 교토, 오사카, 나고야 등지의 수요가 적지 않다는 것을 알게 되었습니다.

이미 이용하고 계신 항구가 있겠지만, 이번 기회에 B항에 한번 관심을 가져봐 주시면 하는 바람입니다.

참고로, 다음 달부터는 훼리가 동해에서 B항으로 취항하게 됩니다.

그러면, 지금부터 PPT를 보면서 좀 더 자세히 설명하겠습니다.

2) 제조 현장 시찰

여러분, 오늘 하루도 수고 많으셨습니다.

오늘 제조 현장을 확인했는데요, 대체적으로 전에 요청했던 사항은 잘 지켜지고 있었습니다. 다만 클린룸과 에어 샤워실의 경우 몇 가지 주의가 필요할 것 같습니다.

우선 클린룸에 대해 말씀드리겠습니다.

클린룸의 경우, 클린룸 전용 신발을 신는 장소와 사무실용 신발을 벗는 장소를 철저하게 분리해 주십시오. 같은 공간에서 신발을 갈아 신으면 오염될 우려가 있습니다.

그리고 작업자 이외 방문자 역시 클린룸 전용 신발을 신도록 해야 합니다. 현재는 방문자는 슬리퍼에 덧신을 착용하는데, 덧신이 찢어지거나 벗겨졌을 경우, 화상실을 이용했을 가능성이 있는 슬리퍼로 클린룸의 바닥을 더럽히게 됩니다.

다음으로 에어 샤워실에 대해 말씀드리겠습니다.

에어샤워를 설치한 이유는 무진복에 부착되어 있는 이물질을 제거하기 위해서입니다. 바람이 나오는 시간을 5초로, 그리고 최대 4명까지 들어가도록 해 두었는데, 그 근거는 무엇인지요? 확실한 근거, 즉 정확한 데이터가 필요합니다.

그리고 에어 샤워실에 들어가기 전에 테이프 클리너로 먼지를 어느 정도 떼어내는 것이 중요한데 지켜지지 않았습니다.

다음 시찰 시까지 이 두가지 주의 사항을 개선해 주시기 바랍니다.

감사합니다.

3-1) 사회

本日はお忙しい中、「〇〇〇説明会」にお越しいただきまして、ありがとうございます。
　私は本日の司会を務めます〇〇〇と申します。よろしくお願いいたします。
　それではただいまより、「〇〇〇説明会」を開催いたします。
　まず最初に、主催者を代表いたしまして、高橋より、ご挨拶申し上げます。
　それでは、ここで本日のスケジュールを説明させていただきます。本日は3部構成となっております。
　第1部の〇〇〇説明会では〇〇〇県よりプレゼンテーションさせていただきます。約20分間を予定しています。続いて第2部では、昼食をご準備させて頂いています。本日、ご参加頂いているみなさまと親睦を図ることを目的とさせて頂いています。
　それでは、プレゼンテーションに入ります。前方のスクリーンにご注目ください。
　これで、プレゼンテーションを終了いたします。
　引続き昼食会は〇〇会場となります。
　受付時にお配りした席に着席をお願い致します。ただいまより昼食会を開催させて頂きます。
　最初に、主催者を代表し〇〇〇協会理事林よりご挨拶させて頂きます。
　続きまして、ご来賓のご挨拶を頂きたいと思います。
　本日は、バイキング形式となっています。食事をしながら懇親を深めて頂ければと思います。
　昼食会の時間も終わりの時間になりました。
　本日は、〇〇〇説明会にご参加頂きありがとうございました、お忘れ物ないようお帰り下さい、本日は有難うございました。

3-2) 사회

司会者：本日はお忙しい中、ご来場いただきまして誠にありがとうございます。
　開演に先立ちまして、皆様にご案内申し上げます。
　本イベント中の一切の撮影及び録音・録画は禁止とさせていただきます。また、会場内は禁煙となっております。あらかじめご了承のほど、よろしくお願いいたします。
　まもなく、4時から開演となります。皆様、お席に着いてお待ちください。
　皆さまこんにちは。定刻になりましたので、開演致します。
　本日司会を務めさせていただきます〇〇と申します。
　それでは本日のイベントのために日本からお越しいただきました田中さんをお呼びいたしましょう。
　田中さん、ようこそいらっしゃいました。まずは会場の方々に一言ご挨拶を頂けますでしょうか。
田中：여러분 안녕하세요. 다나카입니다. 훌륭한 이벤트에 초대해 주셔서 감사합니다.
　한국에는 처음 왔습니다만, 어제 밤에 먹은 불고기가 정말 맛있었습니다.
　오늘 잘 부탁드립니다.
司会者：ありがとうございました。
　それでは早速、今回ご出演された作品のお話を伺っていきたいと思います。
　どうぞ、こちらのお席にお掛けください。
　(작품에 대해 이야기 나눔)
司会者：お話は尽きませんが、そろそろ終了のお時間になってしまいました。
　田中さん、中央にご移動ください。
　皆様、今回の作品もどうぞご期待下さい。本日はお忙しい中日本からお越しいただきました田中さんに盛大な拍手をお願いいたします。
　(田中씨 퇴장)
　会場の皆様にご案内させていただきます。

번역 및 해답　173

お帰りになる際、お使いになった通訳レシーバーは案内デスクにお返しください。ありがとうございました。

부록

부록1 일본 연호표(메이지이후)

연호	서기
明治 (めいじ)	1868년~1912년
元年(1年) (がんねん)	1868년
45年	1912년
大正 (たいしょう)	1912년~1926년
元年(1年)	1912년
15年	1926년
昭和 (しょうわ)	1926년~1989년
元年(1年)	1926년
64年	1989년
平成 (へいせい)	1989년~2019년
元年(1年)	1989년
31年	2019년
令和 (れいわ)	2019년~
元年(1年)	2019년

　일본에서는 연호를 사용하여 말하는 경우가 많지만 한국에서는 서력을 쓰므로 한국어로 통역할 때는 서기로 환산하여 말합니다. 그러기 위해서는 연호가 나오면 바로 환산하여 말할 수 있도록 준비해두는 것이 좋습니다. 통역할 때 언급될 수 있는 메이지시대 이후의 연호를 참고하시기 바랍니다.

부록2　명함 교환 예절

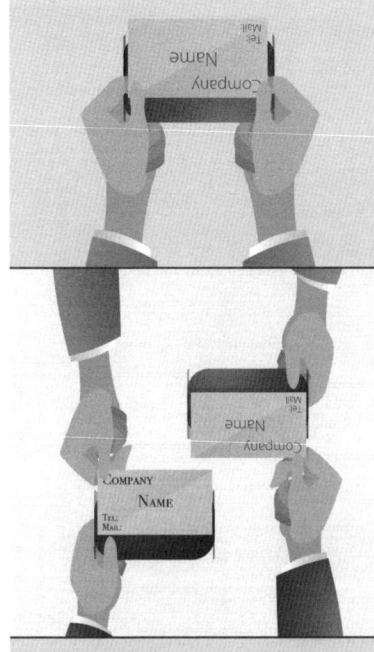

1. 명함케이스 위에 자신의 명함을 놓는다.
   ⊃ 명함 정면을 상대방쪽으로 향하게 놓는다

2. 상대방의 명함케이스 위에 자신의 명함을 오른손으로 놓는다
   ⊃ 왼손으로 상대방의 명함을 받아 자신의 명함케이스 위에 올려 놓는다

3. 상대방에게 받은 명함을 재빨리 양손으로 잡는다.

주의

⊃ 받은 명함 위에 그 자리에서 메모를 하지 않는다.
⊃ 이름과 직함을 기억했으면 명함케이스에 넣는다.
⊃ 테이블 위에 늘어놓을 경우 가능한 한 중앙에 놓는다.
⊃ 여러 장을 받았을 경우 한 사람의 명함만 명함케이스 위에 놓지 않도록 한다.

부록3   인사말

내빈 여러분!
ご来賓(らいひん)の皆様(みなさま) (*귀빈, 내빈→来賓)

지금부터 회의를 시작하겠습니다.
ただいまより、始(はじ)めさせていただきます。

지금부터 개회식을 시작하겠습니다.
ただいまより、開会式(かいかいしき)を行(おこな)いたいと思(おも)います。

장내정리

휴대전화는 전원을 꺼 주십시오.
携帯電話(けいたいでんわ)は電源(でんげん)をお切(き)りください。

휴대전화는 진동으로 해주십시오.
携帯電話(けいたいでんわ)はマナーモードにしてください。

사회자 멘트

오늘 사회를 맡은 ○○○입니다.
本日(ほんじつ)、司会(しかい)を務(つと)める○○○でございます。
進行役(しんこうやく)を努(つと)めます○○○でございます。

주최측을 대표하여 인사 말씀을 드리겠습니다.
主催者(しゅさいしゃ)を代表(だいひょう)して一言(ひとこと)ご挨拶(あいさつ)を申(もう)し上(あ)げます。

○○의 축사를 듣겠습니다.

○○よりご祝辞(しゅくじ)を頂戴(ちょうだい)いたします。
○○よりお祝(いわ)いの言葉(ことば)を賜(たまわ)りたいと存(ぞん)じます。

큰 박수로 맞이하여 주십시오.

大(おお)きな拍手(はくしゅ)でお迎(むか)えください。

축사

방금 소개받은 ○○입니다.

ただいまご紹介(しょうかい)いただきました○○でございます。
ただいまご紹介(しょうかい)にあずかりました○○でございます。

○○의 개최를 진심으로 축하드립니다.

○○の開催(かいさい)を心(こころ)よりお祝(いわ)い申(もう)し上(あ)げます。

바쁘신 가운데 참석해 주셔서 감사합니다.

お忙(いそが)しいところ、ご出席(しゅっせき)いただきましてありがとうございます。
ご多忙(たぼう)の中(なか)、お越(こ)しいただきましてありがとうございます。

먼 곳에서 이렇게 와 주셔서 대단히 감사합니다.

遠路(えんろ)はるばるお越(こ)しいただき、誠(まこと)にありがとうございます。

이러한 자리를 마련해 주셔서 영광으로 생각합니다.

このような場(ば)を与(あた)えられたことを光栄(こうえい)に存(ぞん)じます。

여러분 앞에서 말씀 드릴 기회를 주셔서 매우 영광스럽게 생각합니다.
皆様の前でお話をする機会を与えていただき、大変光栄に存じます。

여러분의 노고에 경의를 표합니다.
皆様のご尽力に敬意を表したいと思います。

성공리에 개최된 것을 기쁘게 생각합니다.
成功裏に開催できましたことを嬉しく思います。

따뜻하게 맞아주셔서 전 회원이 감격하였습니다.
心温かいおもてなしを受け会員一同感激しております。

이 자리를 빌려 진심으로 사과드립니다.
この場をお借りして心からお詫び申し上げたいと思います。

두서없는 말이지만 경청해주셔서 감사합니다.
とりとめのない話、ご清聴ありがとうございました。

진행

기탄없는 의견교환 시간을 갖겠습니다.
忌憚のない意見交換を行いたいと思います。

휴식시간을 갖겠습니다.
休憩時間を取りたいと思います。

질의응답 시간을 갖겠습니다.
質疑応答の時間を持ちたいと思います。

질문 있으신 분은 손을 들어주십시오.
ご質問がありましたら、挙手をお願いします。
ご質問のある方は挙手をしていただけますでしょうか。

폐회

마지막으로 오늘 포럼을 위해 수고를 아끼지 않으신 여러분께 거듭 감사 말씀 드립니다.
最後になりましたが、本日のフォーラム開催のあたり、ひとかたならぬご尽力くださいました皆様に重ねて御礼申し上げます。

다시 한 번 본 회의의 성공을 기원하면서 폐회사를 갈음하겠습니다.
改めて本会議の成功を祈念しながら閉会の挨拶とさせていただきます。

여러분의 건승과 발전을 기원하며 제 인사 말씀으로 갈음하겠습니다.
皆様のご健勝とご発展をお祈り申し上げながら、私の挨拶とさせていただきます。

본 회의가 많은 결실을 거두기를 기원하며 제 인사 말씀으로 갈음하겠습니다.
本会議が実り多きものとなることを祈念いたしまして、祝辞とさせていただきます。

이상으로 회의를 마치겠습니다.
以上をもちまして会議を終わります。

건배 선창

그럼 건배 제의 시간을 갖겠습니다.
それでは、乾杯に移らせていただきます。

○○께 건배 선창을 부탁드립니다.
乾杯のご発生は○○にお願い致します。

(제가)건배제의를 하겠습니다.
乾杯の音頭をとらせていただきます。

그럼 환담을 나누시기 바랍니다.
それでは、ご歓談ください。

매우 아쉽지만 시간이 다 됐으므로 마치겠습니다.
大変名残惜しいところでございますが、お時間となりましたのでお開きにさせていただきます。

추도

애도의 뜻을 표함과 동시에 이재민 여러분들께 위로의 말씀을 드립니다.
哀悼の意をひょうするとともに、被災者の方々にお見舞い申し上げます。

삼가 애도의 뜻을 표합니다.
謹んで哀悼の意を捧げます(表します)。

희생당하신 분들의 명복을 빕니다.
犠牲となられたた方々のご冥福をお祈り致します。

깊이 감사드립니다.

厚く申し上げます。
厚くお礼申し上げます。

부록4　속담

눈 가리고 아웅한다
<ruby>頭<rt>あたま</rt></ruby><ruby>隠<rt>かく</rt></ruby>して<ruby>尻<rt>しり</rt></ruby><ruby>隠<rt>かく</rt></ruby>さず

비 온 뒤에 땅이 굳어진다
<ruby>雨<rt>あめ</rt></ruby><ruby>降<rt>ふ</rt></ruby>って<ruby>地<rt>じ</rt></ruby><ruby>固<rt>かた</rt></ruby>まる

참으면 복이 온다
<ruby>石<rt>いし</rt></ruby>の<ruby>上<rt>うえ</rt></ruby>にも<ruby>三年<rt>さんねん</rt></ruby>

돌다리도 두드려 보고 건너라
<ruby>石橋<rt>いしばし</rt></ruby>を<ruby>叩<rt>たた</rt></ruby>いて<ruby>渡<rt>わた</rt></ruby>る

급할수록 돌아가라
<ruby>急<rt>いそ</rt></ruby>がば<ruby>回<rt>まわ</rt></ruby>れ

나다니다가 엉뚱한 행운을 만난다
<ruby>犬<rt>いぬ</rt></ruby>も<ruby>歩<rt>ある</rt></ruby>けば<ruby>棒<rt>ぼう</rt></ruby>に<ruby>当<rt>あ</rt></ruby>たる

우물 안 개구리
<ruby>井<rt>い</rt></ruby>の<ruby>中<rt>なか</rt></ruby>の<ruby>蛙大海<rt>かわずたいかい</rt></ruby>を<ruby>知<rt>し</rt></ruby>らず

때론 거짓말도 방편이다
<ruby>嘘<rt>うそ</rt></ruby>も<ruby>方便<rt>ほうべん</rt></ruby>

소 귀에 경 읽기
馬の耳に念仏
(うま　みみ　ねんぶつ)

범에 날개
鬼に金棒
(おに　かなぼう)

물에 빠지면 지푸라기라도 잡는다
溺れる者は藁をも掴む
(おぼ　もの　わら　つか)

낮말은 새가 듣고 밤 말은 쥐가 듣는다
壁に耳あり、障子に目あり
(かべ　みみ　しょうじ　め)

묻는 것은 한 순간의 수치이나 묻지 않는 것은 평생의 수치
聞くは一時の恥、聞かぬは一生の恥
(き　いっとき　はじ　き　いっしょう　はじ)

썩어도 준치
腐っても鯛
(くさ　たい)

원숭이도 나무에서 떨어진다
猿も木から落ちる(＝河童の川流れ)
(さる　き　お　かっぱ　かわなが)

친한 사이일수록 예의가 있어야 한다
親しき中にも礼儀あり
(した　なか　れいぎ)

공자 앞에서 문자 쓴다
釈迦にも説法
(しゃか　せっぽう)

모르는 게 약이다
知らぬが仏

과유불급, 지나침은 미치지 않음과 같다
過ぎたるはなお及ばざるが如し

천릿길도 한 걸음부터
千里の道も一歩から

오다가다 옷깃만 스쳐도 전세의 인연이다
袖振り合うも多生の縁

유비무환
備えあれば憂いなし

호박이 넝쿨째 굴러떨어지다
棚からぼた餅

티끌 모아 태산
ちりも積もれば山となる

천양지차
月とすっぽん

모난 돌이 정 맞는다
出る杭は打たれる

등잔 밑이 어둡다
灯台下暗し
<small>とうだいもとくら</small>

먼 사촌보다 가까운 이웃이 낫다
遠くの親類より近くの隣人
<small>とお　しんるい　ちか　りんじん</small>

로마에 가면 로마법을 따르라
郷に入って郷に従え
<small>ごう　い　ごう　したが</small>

남의 떡이 커 보인다
隣の芝生は青い
<small>となり　しばふ　あお</small>

떡 줄 사람은 생각도 안 하는데 김칫국부터 마신다
取らぬ狸の皮算用
<small>と　たぬき　かわざんよう</small>

소 잃고 외양간 고친다
泥棒を捕らえて縄をなう
<small>どろぼう　と　なわ</small>

도토리 키 재기
団栗の背比べ
<small>どんぐり　せいくら</small>

엎친 데 덮친 격, 설상가상
泣き面に蜂(=弱り目に祟り目)
<small>な　つら　はち　よわ　め　たた　め</small>

인정을 베풀면 반드시 돌아온다
情けは人のためならず
<small>なさけ　ひと</small>

두 마리 토끼를 쫓다 한 마리도 못 잡는다
二兎を追うものは一兎をも得ず

금강산도 식후경
花より団子

일찍 일어나는 새가 벌레를 잡는다
早起きは三文の徳

백문이 불여일견
百聞に一見如かず

돼지 목에 진주 목걸이
豚に真珠＝猫に小判(＝宝の持ち腐れ)

자업자득
身から出た錆

세살 버릇 여든까지
三つ子の魂百まで

언 발에 오줌 누기
焼け石に水

방심은 금물
油断大敵

인간만사 새옹지마
楽あれば苦あり

전화위복
禍転じて福となす

소문만복래
笑う門には福来たる

부록5　사자성어

悪戦苦闘 : 악전고투
매우 어려운 조건을 무릅쓰고 힘을 다하여 고생스럽게 싸움

一期一会 : 일기일회
평생에 한번 뿐인 만남

一触即発 : 일촉즉발
한 번 건드리기만 해도 폭발할 것 같이 몹시 위급한 상태

右往左往 : 우왕좌왕
이리저리 왔다 갔다 하며 일이나 나아가는 방향을 종잡지 못함

完全無欠 : 완전무결
충분히 갖추어져 있어 아무런 결점이 없음

危機一髪 : 위기일발
여유가 조금도 없이 몹시 절박한 순간

奇想天外 : 기상천외
착상이나 생각 따위가 쉽게 짐작할 수 없을 정도로 기발하고 엉뚱함

喜怒哀楽 : 희로애락
기쁨과 노여움과 슬픔과 즐거움

ぎょくせきこんごう
玉石混合 : 옥석혼효
좋은 것과 나쁜 것이 한데 섞여 있음

ここんとうざい
古今東西 : 동서고금
동양과 서양, 옛날과 지금을 통틀어 이르는 말

しこうさくご
試行錯誤 : 시행착오
어떠한 행동을 되풀이하는 과정에서 실패를 거듭하여 고쳐나감으로써 점차 최적의 방법을 적용하는 것

じごうじとく
自業自得 : 자업자득
자기가 저지른 일의 결과를 자기가 받음

じじつむこん
事実無根 : 사실무근
근거가 없거나 터무니없음

じゃくにくきょうしょく
弱肉強食 : 약육강식
약자의 희생 위에 강자가 번영하는 것

しゅうしいっかん
終始一貫 : 시종일관
일 따위를 처음부터 끝까지 한결같이 함

じゆうじざい
自由自在 : 자유자재
거침없이 자기 마음대로 할 수 있음

じゅうにんといろ
十人十色 : 각양각색
각기 다른 여러 가지 모양과 빛깔

<ruby>順風満帆<rt>じゅんぷうまんぱん</rt></ruby> : 순풍에 돛 달다

일이 뜻한 바대로 순조로이 진행됨

<ruby>誠心誠意<rt>せいしんせいい</rt></ruby> : 성심성의

참되고 성실한 마음과 뜻

<ruby>正々堂々<rt>せいせいどうどう</rt></ruby> : 정정당당

태도나 수단이 정당하고 떳떳함

<ruby>是々非々<rt>ぜぜひひ</rt></ruby> : 시시비비

사리를 공정하게 판단함

<ruby>切磋琢磨<rt>せっさたくま</rt></ruby> : 절차탁마

부지런히 학문과 덕행을 닦음

<ruby>絶体絶命<rt>ぜったいぜつめい</rt></ruby> : 절체절명

어찌할 수 없는 궁박한 경우

<ruby>千差万別<rt>せんさばんべつ</rt></ruby> : 천차만별

여러 가지 사물이 모두 차이가 있고 구별이 있음

<ruby>前代未聞<rt>ぜんだいみもん</rt></ruby> : 전대미문

이제까지 들어 본 적이 없음

<ruby>表裏一体<rt>ひょうりいったい</rt></ruby> : 표리일체

두 가지 사물의 관계가 밀접하게 됨

本末転倒 : 본말전도
_{ほんまつてんとう}

중요한 것과 중요하지 않은 것이 구별되지 않거나 일의 순서가 잘못 바뀐 상태

참고문헌

김순희 외(2003), 한일·일한통역번역의 세계, 시사일본어사
김한식(2003), 한일 통역과 번역, 한국문화사
박혜경(2017), 일본어 전문용어사전, 이화여자대학교출판문화원
박혜경(2020), 일본어 국제회의 통역노트, 이화여자대학교출판문화원
정호정(2016), 제대로 된 통역 번역의 이해, 한국문화사
최정화(1999), 국제회의 통역사가 되는 길
최정화(2005), 외국어과 통역·번역, 한국외국어대학교 출판부
安部開道(2006), 必携!ビジネスマナー, 西東社
菊地泰博(2001), 電話通訳, 現代書館
北村利治他(1998), 初めて学ぶ翻訳と通訳, 松拍社
小松達也(2005), 通訳の技術, 研究社
近藤正臣(2015), 通訳とはなにか―異文化とのコミュニケーションのために, 生活書院
関根マイク(2020), 通訳というおしごと, アルク
通訳翻訳ジャーナル編集部・編(2010), 通訳の仕事, イカロス出版
通訳翻訳ジャーナル編集部, 一般社団法人 日本会議通訳者協会・編(2021), 通訳の仕事始め方・続け方, イカロス出版
鳥飼玖美子(2013), よくわかる翻訳通訳学, ミネルヴァ書房
水野真木子他(2002), グローバル時代の通訳, 三修社
向鎌治朗, 丸山祥男(2000), 中学英語で通訳ができる, TheJapanTimes
米原万里(1998), 不実な美女か貞淑な醜女か, 新潮文庫

찾아보기

ㄱ
감축 ················· 112
고령화율 ············· 99
국민참여재판 ········ 122
국제회의통역사협회 ···· 40
기점 언어 ············ 29

ㄴ
노인장기요양보험 ····· 99
노트테이킹 ··········· 57

ㄷ
다문화주의 ··········· 28
다문화 커뮤니케이션 ··· 24
대법원 ·············· 122
대사증후군 ·········· 131
동시통역 ············· 35
동일본대지진 ········ 104
디지털 화폐 ········· 119

ㅁ
목표언어 ············· 31
무고죄 ·············· 122
문장구역 ············· 55
미국 질병통제예방센터 ·· 130
미세먼지 ············ 110

ㅂ
발병률 ·············· 131
방송통역 ············· 41
방진복 ·············· 147
배출권 거래제도 ······ 112
백신 ················ 130
법정통역 ············· 45
비밀유지 의무 ········ 48
비수기 ·············· 142
비장의 카드 ·········· 97
비즈니스 통역 ········ 40

ㅅ
성수기 ·············· 142
순차통역 ············· 34
쉐도잉 ··············· 64
시세 ················ 118

ㅇ
아르테미스 계획 ······ 138
암호자산 ············ 119
열섬현상 ············ 114
예능통역 ············· 43
온실가스 ············ 112
온열질환 ············ 127
요약 ················· 52

찾아보기 **195**

요양 보호 ·················· 99
요양시설 ·················· 99
우주정거장 ················ 137
원격 동시통역 ·············· 36
위스퍼링 ··················· 36
유대감 ···················· 105
의료통역 ··················· 47

ㅈ
자회사 ···················· 95
재판원 제도 ··············· 122
종합검진 ·················· 132
중앙은행 디지털화폐(CBDC) ····· 120
지주회사 ··················· 95
집콕 ······················ 118
집콕 수요 ················· 116

ㅊ
초미세먼지 ················ 110

ㅌ
탄소 가격제 ··············· 112
탄소발자국 ················ 112
탄소 상쇄 ················· 112
탄소 중립 ················· 112
토요타 생산방식(TPS) ······· 97
통역 가이드 ················ 44

ㅍ
팬 미팅 ··················· 107
풀뿌리 교류 ················ 88

ㅎ
한신·아와지 대지진 ········· 104
화상회의 ·················· 126
회의통역 ··················· 39

C
CIF ······················ 144

F
FOB ······················ 144